CONSIDÉRATIONS

SUR

L'ÉTAT POLITIQUE ET MORAL DE LA FRANCE,

ET

SUR L'AVENIR DE LA SOCIÉTÉ.

IMPRIMERIE DE CHAUSSEBLANCHE,

Avenue du Palais, 7, à Saint-Cloud.

CONSIDÉRATIONS

SUR

L'ÉTAT POLITIQUE

ET MORAL

DE LA FRANCE,

ET

SUR L'AVENIR DE LA SOCIÉTÉ;

Par F. Riou,

DE TOURS.

Concordiâ civitas facta est.

CICER. *op.* S. AUG. *ép.* v.

PARIS.

CHEZ DENTU, LIBRAIRE,

PALAIS-ROYAL, GALERIE VITRÉE, 13.

1834.

PRÉFACE.

J'applaudis franchement à cet ancien philosophe (1) qui refusa toujours de se mêler de politique, de peur d'offenser les dieux ou les hommes. Tant de réserve révélait en lui beaucoup de sagesse, et l'oracle de Delphes aurait dû, pour cela seul, le préférer à Socrate. Combien d'hommes de nos jours qui seraient plus sages, et aussi plus favorables à la république en cultivant leur

(1) Chrysip. *op*. Stob. serm. 43.

jardin, comme fit cet empereur dont parle l'histoire, qu'en disputant à tort ou à raison sur ce qu'ils n'entendent pas le moins du monde !

C'est une grande plaie de notre époque, vraiment, que ce droit concédé par nos modernes institutions, même aux écoliers encore à la férule, de proclamer leurs vaines utopies de gouvernement, et de bouder tout de bon contre le pouvoir qui refuse de tenir compte de leurs ridicules théories sur le perfectionnement social. Mais, vous qui vous indignez le plus de ce désordre, dites-nous donc quel remède nous pourrions y apporter? Les maladies intellectuelles ont sans doute, comme celles du corps, des systèmes qui leur sont propres, et celui que je signale révèle peut-être la plus dangereuse maladie qui ait jamais affligé l'espèce humaine. Cependant, il est ainsi; et c'est bien, ce semble, une raison de plus d'opposer ses vues d'ordre et de paix à tous les odieux systèmes de licence et d'anarchie.

Tous les hommes composent une grande famille, aux intérêts de laquelle nul ne doit ni ne peut demeurer indifférent sans rompre dès lors la chaîne sacrée qui l'unit à elle. Quand donc cette grande famille des hommes est environnée d'ennemis qui conjurent sa ruine; quand le torrent qui va la submerger déborde toutes parts, chacun doit s'empresser de lui offrir le tribut de son secours, si faible qu'il soit d'ailleurs. Il le fera d'autant plus volontiers en pensant que c'est lui-même qu'il protége alors qu'il défend la société dont il est membre, et dans laquelle il trouve la vie.

Ils sont bien rares, je le sais, les hommes qui songent à soutenir la frêle machine du monde qui croule; mais, quand la multitude s'obstinerait à périr, ce ne serait pas une raison de nous perdre avec elle. Au siècle du libéralisme, chacun ne pense qu'à soi, à son argent, à ses honneurs et à ses plaisirs. Soi-même avant tout; et puis après, rien! Périsse l'univers, pourvu que je vive!

c'est le cri du cœur formé à l'école de la philanthropie... Les insensés ! ne savent-ils pas que, quand le monde aura cessé d'être, ils seront eux-mêmes engloutis à jamais sous ses affreuses ruines ? Et pourtant c'est ce hideux égoïsme qui presse le monde de finir, parce que ses habitants, blasés par la corrumption, semblent être fatigués de sa trop longue durée. De là tant d'obstacles pour l'écrivain dont la plume essaie de combattre les dangereuses opinions qui caractérisent les hommes des temps modernes, et de rappeler à ceux-ci les conditions de leur repos et de leur bonheur. La calomnie agite autour de lui ses torches incendiaires; et souvent, les vérités utiles qu'il annonçait se trouvent étouffées subitement par le souffle empesté de l'envie et de toutes les autres passions haineuses. Mais qu'importent, après tout, les persécutions, et la mort même, à l'écrivain que dévore le zèle de la vérité, et qui aura eu le courage d'accomplir un devoir ? En expirant sous les coups de ses ennemis, il obtient le plus noble triomphe qui soit dû à ses travaux.

Je n'ai point la prétention de faire un traité de politique, science à laquelle je désire être toute ma vie étranger. C'est d'ailleurs une carrière trop importante et trop difficile à parcourir pour que je n'en abandonne pas l'honneur à d'autres plus habiles et plus courageux que moi. J'ai la conscience de ma faiblesse, et je n'irai pas m'abuser sur mon compte jusqu'à m'ériger subitement au rang de ces écrivains à qui tant de conditions sont nécessaires pour se concilier la confiance, et captiver l'attention du lecteur sur le genre qu'ils traitent. Quels précédents auraient pu faire naître en moi une opinion si avantageuse de mes talents? M'a-t-on vu initié aux mystères des cabinets d'Europe? ai-je jamais été revêtu de quelque mission extraordinaire auprès de quelque grande puissance d'Asie ou du nouveau monde, pour négocier la paix, déclarer la guerre, ou conclure certaines transactions commerciales? Ai-je seulement apparu une seule fois dans les débats qui depuis si long-temps agitent le sol de la patrie? Je n'ai même aucune part aux moindres détails de l'administration civile, loin d'être rompu avec les mille secrets de la diplomatie. A peine mon nom est-il prononcé avec bienveillance par quelques hommes qui, plus que moi favorisés des dons de la fortune, ne sont pas moins que moi étrangers à toute influence dans les révolutions qui grondent au-dessus de nos têtes et ébranlent les fondements de la terre.

Cependant, puisqu'il faut le dire, moi aussi je me suis demandé compte de ces hauts bruits de gloire, de bonheur, de régénération et de perfectionnement, qui retentissent sans cesse autour de nous; et voilà comme j'ai été conduit naturellement à ces considérations, que je défère au tribunal du sens commun. Cela m'est bien permis, peut-être, par le règne de la liberté, si ce règne n'est pas, comme aucuns *malins* l'imaginent, celui de l'hypocrisie la plus profonde et du plus intolérable despotisme.

Cet écrit n'est au plus qu'un essai rapide sur la situation actuelle de la France, et sur les destinées futures de la société, déduites du présent et du passé. Plein de sollicitude sur les événements qui se pressent devant nous et sur leurs résultats ultérieurs, désirant aussi résoudre avec franchise ces importantes questions de vie et de mort que chacun ne peut plus ne point se proposer, j'ai d'abord arrêté mes regards sur la révolution de 1830. Puis, interrogeant l'esprit qui a présidé à cette nouvelle révolution, il ne m'a pas été difficile de prévoir à quel terme nous arriverions infailliblement si l'on continuait de marcher par les mêmes voies.

Il se pourra que l'on trouve parfois mon langage quelque peu sévère ; mais je déclare d'avance que rien n'est plus loin de ma pensée que de contrister qui que ce soit.

D'ailleurs, mon excuse est dans la pureté de mes intentions. Etranger à tout esprit de parti, j'ai abordé sans gêne et sans arrière-pensée les plus hautes questions d'intérêt social. Que si mes paroles n'ont pu être exemptes de toute amertume, la faute n'en devra être imputée qu'au sujet même. Pour moi, j'en veux bien moins aux hommes qu'aux institutions, qui ont tant de force pour corrompre les premiers. Je dirai sans déguisement la vérité à tous; mais, en froissant tour à tour ceux de chaque classe, à Dieu ne plaise que je comprenne dans le même anathème tous les individus qui appartiennent à cette même classe! Je n'ai d'autre but que de flétrir ce monstrueux égoïsme qui domine aujourd'hui presque partout, et ce sont, du reste, des faits que j'énonce. Au demeurant, il est encore, grâce à Dieu, et malgré la contagion de l'exemple, des hommes honorables auxquels je me plairai toujours à rendre hommage, en quelque condition qu'ils se rencontrent. Ceux-là savent que ce n'est point contre eux que sont dirigées mes déclamations apparentes, et ils ne peuvent m'en vouloir. Quant aux autres, qu'ils me poursuivent de leur haine, ce devra être auprès des premiers mon plus beau titre de recommandation.

Lorsque Montesquieu composa son *Esprit des lois*, il dit qu'il ne connaissait en France qu'un seul homme qui dût le comprendre. J'ai meilleure opinion de mon siècle; mais, quand il en serait de moi comme de Montesquieu, je n'aurais point sans doute à me plaindre.

Le plus étonnant spectacle va être donné au monde, et déjà tous les hommes se pressent pour remplir les premiers rôles. Pour moi, assis au dernier rang, et perdu dans la foule des inactifs, je me tiendrai à l'écart, s'il est possible, afin de voir plus à loisir le jeu des acteurs; mais auparavant je dirai ma pensée à qui voudra l'entendre. Heureux si je pouvais convaincre un seul homme de la vérité! Plus heureux encore si je contribuais à garantir ma patrie des coups qui grondent dans la région des orages!!!

CONSIDÉRATIONS

SUR

L'ÉTAT POLITIQUE ET MORAL DE LA FRANCE,

ET

SUR L'AVENIR DE LA SOCIÉTÉ.

CHAPITRE Ier.

De la chute du trône en 1830 et de ses causes principales.

Les libéraux, qui ont fait tant de bruit des événements de juillet, et les royalistes, qui durent s'en alarmer à bon droit, parce qu'ils voyaient en eux le signal de grands maux, se trompent également lorsqu'ils les considèrent comme une révolution nouvelle. Ils ne sont, en effet, qu'une épisode dans l'histoire de cette autre révolution trop fameuse de 1789, qui n'a point été interrompue, mais dont il est vrai de dire qu'elle a eu ses variations, bien que pourtant elle ait été, à certaines époques, embarrassée dans sa marche encore trop rapide ou trop lente, au gré de ses partisans ou de ses adversaires.

Durant plusieurs siècles dont on ne peut se dissimuler la gloire et le repos, la France, qu'avait civilisée le christianisme, et dont les nobles destins l'appelaient à être la reine des nations, fut régie par un monarque dont la volonté servit quelquefois de loi; mais qui, le plus souvent, ne fut lui-même que le défenseur de la loi. Ce monarque était reconnu tenir son pouvoir de Dieu, à qui seul il en devait compte. Je n'examine point ici ce qu'il y a de vrai ou de faux dans cette doctrine; il suffit que je constate les faits selon l'ordre dans lequel ils se présentent. Il vint donc un temps où le peuple, instruit, dit-on, par le développement nécessaire et toujours progressif de l'intelligence, méconnut cette même doctrine qui l'avait dirigé jusque là, et prétendit avoir la souveraineté en lui. Alors la monarchie fut déchue, et le peuple se gouverna lui-même. Telle est, en deux mots, l'histoire de la révolution française.

Mais je m'abuse, sans doute, en disant que le peuple régit alors les grands intérêts de la république. Le principe de la souveraineté nationale avait été méconnu, il est vrai, mais on n'en tint nul compte; je veux dire qu'une faction meurtrière, ennemie de tout bien, exploita seulement à son profit les ruines qu'elle sut amonceler en France. Enhardis par la stupeur où était plongée la nation, quelques scélérats, tels qu'il en paraît de temps en temps sur le globe pour châtier les peuples, s'arrogèrent un pouvoir mille fois plus intolérable que celui du plus dur despote (1).

On sait quels fruits les hommes recueillirent, à cause de cela, d'une révolution qu'avaient tentée d'abord plusieurs philosophes-économistes du dernier siècle pour le bien public, par l'abrogation des abus qui déshonoraient l'ancien régime. A cette époque dont les excès qui la signalèrent éterniseront la dégoûtante mémoire, le monde avait été inondé par un déluge de maximes impies et subversives de tout ordre; productions infâmes d'écrivains qui s'étaient accoutumés lon-

(1) Il n'y a pas de tyrannie si dangereuse que celle des hommes du peuple. ARIST. *Polit.* l. II. ch. 6. ; CICER. *De Republ.*

guement à ne plus rien respecter. Fille aînée du protestantisme, lequel lui avait appris à nier tout pouvoir dans la société religieuse, et par contre-coup tout pouvoir dans la société politique et civile, la philosophie moderne dominait en souveraine sur les intelligences. Cette philosophie audacieuse et ignorante, qui ne savait pas même distinguer l'abus de la chose, avait résolu, pour réformer les vices du gouvernement, de renverser à la fois le trône et l'autel, ne voyant dans celui-ci que l'instrument du despotisme des rois. Les coups qu'elle porta au même temps aux deux pouvoirs religieux et politique, ébranlèrent tous les fondements de l'édifice social. La religion une fois bannie du cœur de l'homme, la morale dut y mourir aussitôt. Qu'arriva-t-il donc? Que l'homme chercha la vie dans le vague des plus monstrueux forfaits. En cet étrange état de choses, un vertige effrayant dirigea l'action lâche et atroce d'un nouveau pouvoir dépourvu de sanction. Nul frein à la licence : tous les liens les plus sacrés furent rompus; tout fut soumis à la loi forcenée des passions; et, comme aux premiers jours du christianisme, alors que les tyrans de Rome se repaissaient du barbare plaisir de jeter les chrétiens aux lions, les échafauds furent dressés, le sang coula à grands flots. Ni le rang, ni l'âge, ni le sexe, rien ne put protéger contre ces effroyables proscriptions, qui surpassèrent mille fois en cruauté celles de Marius et de Sylla. Alors on vit s'accomplir dans toute son étendue cette terrible prophétie : « Un peuple entier se ruera, homme contre homme, voisin contre voisin ; et avec un grand tumulte l'enfant se levera contre le vieillard, la populace contre les grands ; parce qu'ils ont opposé leurs langues et leurs inventions contre Dieu (1). »

Je ne retracerai point les scènes d'horreur qui épouvantèrent le monde en ce temps où la justice de Dieu semblait avoir condamné la France à se déchirer les entrailles de ses propres mains. Assez d'autres ont été chargés de cette mission amère, pour l'enseignement des siècles à venir. Le sauvage Africain laissera couler ses pleurs et frémira d'indignation au récit de ces lamentables calamités pour lesquelles on croirait que l'écrivain trempa sa plume dans le sang même des infortunées victimes de cette époque désastreuse.

Toutefois, cet excès de mal devait trouver un

(1) Is. chap. III, v. 5-8.

terme en lui-même, sans quoi dès lors c'en eut été fait du monde. La Providence, dont les desseins demeurent toujours impénétrables à la sagesse humaine, permit qu'un soldat apparut, qui réunissait en lui le mélange de qualités et de vices nécessaires pour cette époque. Armé d'une grande puissance et d'un invincible courage, cet homme extraordinaire souffla sur le Directoire, reste impur d'une anarchie de dix ans, qui se fondit subitement à son aspect. On eut dit d'abord qu'il avait mission pour le bien ; et, à l'aide d'une apparence d'ordre qui s'établit comme par enchantement à sa parole, il réussit à tromper l'Europe en sa faveur. Mais son hypocrite ambition ne tarda pas d'être démasquée, et son despotisme militaire ne servit, dans les vues de la Providence, qu'à punir les peuples de leurs infractions à la loi d'ordre. D'ailleurs, en plaçant sur sa tête la plus belle couronne de l'Univers, Bonaparte n'eut garde de rasseoir la société sur ses vieilles bases. Sous son règne, la servitude qu'avait abolie l'Évangile fut portée à son plus haut période. La religion, bien que tolérée en apparence, fut pourtant asservie à son sceptre de fer, et demeura une hypothèse, à cause du rang précaire qu'occupaient ses ministres dans l'état.

Mauvais politique, autant qu'il était bon guerrier, cet enfant gâté de la fortune maintint la loi athée de 89 (1). Aussi était-il condamné à périr promptement avec tout ce qu'il avait créé, et sa chute fut épouvantable.

Cependant l'aurore d'un jour plus prospère brillait pour nous dans le ciel. Le géant était renversé, et les débris vénérables de l'antique famille de nos rois étaient rendus à notre amour. Jamais Dieu, si prodigue de merveilles en faveur des hommes, n'avait opéré jusque là un miracle plus consolant pour le monde politique. Jamais non plus occasion si opportune n'avait été offerte à la France de s'assurer un avenir de gloire et de bonheur. A quoi cela tenait-il? A remonter aux doctrines si éminemment sociales du catholicisme, et à redonner la loi religieuse pour base à la nouvelle constitution. Rien n'était plus facile assurément : les peuples, fatigués par vingt-cinq années de malheur, étaient préparés

(1) Elle est athée, en effet, la loi qui n'a d'autre sanction que celle du bourreau, et qui, négligeant de se mettre elle-même sous la haute protection de la loi divine, abandonne à son tour la loi divine à l'indifférence capricieuse de l'athéisme et au mépris insultant de l'impiété.

Mémorial catholique, janv. 1824.

à recevoir tous les moyens de salut. Si Dieu, de qui émane toute puissance (1), avait été reconnu dans la loi le conservateur de la société qu'il créa, infailliblement les peuples l'auraient honoré comme tel. Que si encore on avait pris soin de consacrer la personne du monarque comme l'image de la divinité sur la terre, ce qu'on ne fit point, malgré le préambule fastueux de la charte de 1814, vous eussiez vu renaître de ses cendres cette autre religion que l'on avait si bien appelée de *seconde majesté*. En admettant que l'état doive avoir une religion (2), c'est une vérité incontestable qu'au culte catholique, qui a seul les paroles de la vie, appartenait le droit d'être admis, à ce titre, en France, à cette époque si improprement dénommée de la *restauration*. Re-

(1) *Nulla potestas nisi à Deo*. S. Paul, epist. ad Rom. cap. 13.

(2) Philosophez tant qu'il vous plaira entre vous; mais si vous avez une bourgade à gouverner, il faut qu'elle ait une religion. Partout où il y a une société établie, une religion est nécessaire. Les lois veillent sur les crimes connus, et la religion sur les crimes secrets. — Voltaire, OEuvres compl. tom. 54, p. 469.

Cherchez un peuple sans religion; si vous le trouvez, soyez sûr qu'il ne diffère pas beaucoup des bêtes brutes. — Hume, *Hist. nat. de la relig.* p. 133.

marquez pourtant que c'est ce dont n'eut garde le législateur, malgré encore le texte douteux de la même charte, qui accordait égale protection aux autres cultes : par quoi il appert évidemment qu'elle n'en reconnaissait aucun, ou, ce qui est la même chose, qu'elle était athée (1).

Niera-t-on qu'alors l'instruction publique, ce grand besoin des peuples, duquel d'ailleurs dépend la destinée des empires, exigeait impérieusement une prompte et entière réforme? Eh bien! on n'y songea pas même. Peut-être aussi que cela était dans l'intérêt des idées nouvelles sur la liberté!

La législation resta donc à peu près la même, du moins quant au fond, que celle de 89. Que s'ensuivit-il?

La chute de Bonaparte avait cruellement blessé, dans leurs affections les plus chères, un grand nombre d'hommes qui, profitant de ce que l'on

(1) Notre législation ne reconnaît aucune religion comme vraie, et les protège toutes comme utiles ; voilà l'indifférence dans toute son étendue. C'est précisément l'état où se trouvait, suivant la remarque de Gibbon, la religion païenne relativement aux différents cultes idolâtriques, à l'époque de la décadence de l'empire romain.

Mémorial catholique, avril 1824.

continuait de marcher par des routes tortueuses, formèrent de nouvelles séditions. Un an s'était à peine écoulé dans la joie et les douceurs de la paix, conséquences naturelles du rétablissement d'un trône qui promettait bonheur, que tout à coup surgit comme du tombeau cet homme qui déjà avait étonné le monde par l'éclat de ses triomphes. Rien ne résista à son retour que favorisait une odieuse conjuration. Glacés d'épouvante à son approche nos rois s'enfuirent de nouveau loin de la patrie stupéfaite, qui ne songea ni à repousser l'usurpateur ni à retenir ses princes légitimes. Il fallut cent jours de guerres nouvelles et d'incalculables malheurs, après quoi Dieu écrasa du souffle de sa bouche le grand exterminateur des nations, et ramena encore parmi nous le calme et l'espérance avec la noble famille de Bourbon. Événements prodigieux qui devaient humilier l'orgueil humain, et lui apprendre à tout craindre de l'incertitude des choses de la terre! C'était peut-être assez d'enseignements pour éclairer la raison de ces hommes que l'éminence de leur rang social appelait à reconstruire l'édifice politique. Pour prévenir le retour de calamités semblables à celles qui pesaient depuis si long-temps sur la France et sur l'Europe, était-il donc si difficile de voir qu'il fallait guérir le mal par sa racine, en détruisant les vices de la constitution? On se rendormit dans un sommeil trompeur, et l'on ne fit rien pour échapper à de nouveaux périls. Il faut bien le dire encore, quoiqu'il en coûte, la loi constitutionnelle du royaume demeura la même que celle de 89, ce qui signifie qu'elle continua d'être athée.

Et maintenant veut-on savoir quelle était la nature du gouvernement sous la restauration? Vu de loin, on l'eut dit à la fois monarchique, aristocratique et démocratique. Et il est bien vrai qu'il enfermait en lui les éléments des trois formes; mais, de fait, il était populaire. La preuve en est que quand le peuple a été instruit à fond de l'esprit de sa constitution, il n'a eu qu'à vouloir, et il a été impossible à la royauté de se défendre contre ses prétentions extrêmes. La querelle a duré quinze ans entre les publicistes pour résoudre la question si le pouvoir constitué par la charte de 1814 était royal et populaire; mais la victoire du peuple a prouvé irrécusablement que les écrivains qui s'obstinaient à voir, dans l'initiative, la royauté revêtue de toute sa grandeur, ont combattu pour une doctrine qui portait à faux. Certes, il fallait être distrait par beaucoup de préoccupation pour ne pas découvrir, dans la charte octroyée par Louis XVIII, le principe de la souveraineté nationale.

Le mode de gouvernement par lequel nous avons été régis durant quinze années se composait, je le veux, des trois formes monarchique, aristocratique et démocratique; mais laissant à l'écart la question de savoir si ce mode de gouvernement triple est bon en lui-même; sans examiner encore s'il convient à la France, au cas qu'il soit bon, je demande si ces trois pouvoirs, ou, si l'on aime mieux, ces trois formes de pouvoirs se balançaient à un égal degré? Loin que la chose fût possible, elle n'était pas même supposable, et l'on ne saurait être trop surpris qu'il se soit trouvé des hommes qui ne l'ont pas apperçu.

En effet, pour que le gouvernement fût constitué selon que ceux-ci l'imaginaient, il aurait fallu que les trois pouvoirs qui en étaient la base fussent identiques entre eux, ce qui répugne essentiellement à leur nature, de laquelle naissent des différences qui, mises en contact, établissent ostensiblement la supériorité de l'un des trois sur les deux autres. Or, un pouvoir supérieur à deux autres pouvoirs n'est-il pas le vrai, ou mieux encore le seul pouvoir? Quel était donc celui des trois qui dominait les deux autres? Nous ne parlerons point de la chambre des pairs, moins puissante que le sénat sous l'empire, dont le discrédit d'ailleurs date presque de son origine, et qui a été comme subitement frappée de nullité dans l'opinion publique. Elle ne possédait pas même cet esprit de corps qui faisait la force des anciens parlements, et l'on pouvait prédire avec certitude qu'elle périrait le jour où le trône serait renversé.

Mais beaucoup d'hommes se plaisaient encore à croire à la monarchie, parce qu'en tête de l'administration était un descendant de Henri IV, appelé, comme son aïeul, du nom de *roi*. Ces bonnes gens se trompaient sans doute, car la royauté n'a plus été qu'un mot chez nous depuis le jour de deuil universel inscrit en caractères de sang dans les fastes de notre histoire, où le plus vertueux des monarques succomba sous le glaive de la révolution. Ce n'est plus le temps de le dissimuler : le roi n'était rien, en France, qu'un souvenir vénérable du passé; l'inscription d'un vieux temple que l'on avait placée au fronton d'un édifice tout moderne. Ces derniers mots d'un écrivain célèbre (1) devaient paraître bien durs, dès l'abord, à certaines personnes trop prévenues ; mais qu'est-il besoin maintenant d'y réfléchir pour reconnaître qu'ils n'étaient que l'expression d'une affligeante vérité (2)?

Il ne servirait à rien d'ajouter que le roi faisait la paix et la guerre; qu'il nommait aux places administratives, concluait les transactions commerciales, proposait les lois aux chambres et les retirait selon son bon plaisir; qu'il convoquait et prorogeait les chambres à volonté; qu'il avait de plus le pouvoir de dissoudre celle des députés, et d'en appeler à de nouvelles élections, et outre que tout cela se faisait par l'entremise des ministres, qui étaient les agents responsables des chambres, et qui, en ce sens, étaient revêtus de plus de pouvoir que le roi même; pour faire

(1) M. de la Mennais, *De la religion considérée dans ses rapports avec l'ordre politique et civil.* In-8°. Paris, 1826.

(2) C'est un système arrêté parmi nous de ne faire du roi qu'un grand pensionnaire sans influence et sans autorité..... A mesure que nos principes constitutionnels se développent la puissance royale s'évanouit. Vous avez fait du roi de France, que vous appelez encore, je ne sais pourquoi, le roi des Français, un roi *in partibus*.—L'abbé Maury.

la guerre, il faut de l'argent, qui l'ignore ? pour rétribuer les hommes de l'administration, il faut de l'argent : car, en ce siècle de libéralisme, qui songe à servir l'état par honneur seulement?.... Or, au règne de Charles X, comme sous Louis-Philippe, n'était-ce pas le peuple, ou ce qui est la même chose, les mandataires du peuple qui votaient l'impôt? Et accorder ou refuser les subsides nécessaires aux besoins de l'état, n'est-ce pas disposer des entreprises jugées bonnes ou mauvaises dans l'intérêt public? Donc, pour terminer cette discussion, au peuple appartenait en réalité le pouvoir de faire la guerre, de nommer aux emplois administratifs, de conclure les transactions commerciales, etc. Et le peuple était souverain (1) : donc la royauté n'était qu'une vaine représentation, et il fallait à toute force, par la nature même des choses, que le trône croulât plus tôt ou plus tard. Trop long-temps nous fûmes les malheureux témoins d'une guerre continuelle de l'absolutisme contre la souveraineté populaire, et de celle-ci contre l'absolutisme. Il fallait bien que la lutte en finît par le triomphe

(1) M. de Serre l'avait à peu près compris, lui qui s'écriait en 1820 : « La démocratie coule à pleins bords! »

de l'un ou de l'autre; et il est remarquable que la victoire n'était plus possible à la royauté, à cause de la marche toujours ascendante du libéralisme. C'est pourquoi la chute du trône n'a point étonné ceux qui s'étaient habitués à réfléchir sur les événements et sur la nature de leurs principes.

Quelques partisans de la dynastie déchue se hâteront peut-être de conclure de ce qui précède que le principe de la souveraineté du peuple est essentiellement hostile au repos de la société, et surtout à celui d'un grand état comme la France. C'est là sans doute une question grave; mais ce n'est point ici le lieu de la résoudre. Observons seulement qu'il s'en faut beaucoup que la conséquence soit rigoureuse. Il s'en suivrait au plus que le principe ayant été une fois admis comme base des nouvelles combinaisons politiques, il était instant qu'on y conformât les modernes institutions et toutes les lois organiques, en particulier celles qui regardent la représentation nationale. La charte de 1814 avait constitué tous les partis dans un état de défiance et de guerre les uns à l'égard des autres; et cet état, qui était un véritable désordre, devait absolument disparaître un jour. Aucune force humaine n'aurait pu arrêter la chute de tout ce vain échafaudage qui ne portait sur rien, et dont les travailleurs devaient réparer tous les matins et tous les soirs les brêches nombreuses qu'y faisait l'ennemi.

Était-ce d'une monarchie absolue, à la manière de celle de Louis XIV, que l'on avait entendu nous doter lors de la restauration? Mais, dans ce cas, à quoi bon ces colléges électoraux, au milieu desquels s'établissaient à demeure des foyers d'intrigues et de cabales qui devaient influencer le choix des représentants? Quel besoin de députés, qui, fiers de leur mandat, s'en venaient à tour de rôle entraver sans cesse les intentions du monarque et paralyser l'action du gouvernement ? Pourquoi cette responsabilité ministérielle devant les chambres, et par conséquent au tribunal du peuple? Dites, je vous prie, que devenait l'autorité royale au milieu de ce conflit de volontés diverses et d'opinions incohérentes? On l'aurait cherchée inutilement ; aussi les plus habiles ne voulurent-ils pas s'en donner la peine.

Ce n'est sûrement pas non plus une monarchie chrétienne que celle qu'on essaya de fonder alors : car, bien que le roi continuât de s'honorer du titre de fils aîné de l'Église, le gouvernement n'en était pas moins sans religion, comme je l'ai remarqué déjà, puisqu'il protégeait à égal degré des cultes ennemis qui se réprouvent entre eux. Étonnantes contradictions! Dans le royaume appelé très chrétien, l'Église était gênée par rapport à l'exercice de ses droits les plus sacrés, et les premiers pasteurs des âmes ne pouvaient communiquer avec le Père commun des fidèles que par permission d'un commis de ministre. L'enseignement était confié à des hommes pour la plupart desquels le doute était le plus grand effort de sagesse et de modération; hommes par là même inhabiles à enseigner quoi que ce fût, puisque l'enseignement qui ne repose pas sur quelque vérité, je veux dire qui n'apprend rien, est nul de sa nature. C'était à ces athées systématiques, et encore plus souvent pratiques, qu'était confiée l'éducation de la jeunesse, qui est d'une si haute importance dans l'intérêt de la patrie, que les sages législateurs n'ont pas hésité de ranger parmi leurs principaux devoirs celui de la surveiller. L'état avait à ses gages des doctrinaires-protestants, pour faire à la Sorbonne de l'histoire politique et religieuse; des incrédules déguisés en philosophes, pour faire de l'eclectisme; des républicains, pour faire de la littérature démagogique, etc. Et l'humble desservant de village était condamné à une amende pour avoir enseigné au fils du pâtre la langue dans laquelle l'Église célèbre les grandeurs de celui qui a dit : « Allez, enseignez et baptisez les nations en mon nom! » Et le savant cénobite a vu fermer ses établissements, parce qu'il y révélait à l'enfance une religion qui prescrit d'obéir au Dieu du ciel et aux rois de la terre!

En matière politique, aussi bien qu'en matière de religion ou de philosophie, pour raisonner juste et arriver à des résultats positifs, il faut admettre des principes avoués de tous les siècles, et par là même incontestables, desquels on puisse déduire des conséquences claires et satisfaisantes. La lumière étant ainsi répandue dans la théorie, la marche cesse d'être embarrassée dans la pratique. Dès lors on sait où l'on tend, et l'on va avec confiance, parce qu'on n'ignore pas que l'on atteindra le but proposé.

Quoi qu'on en dise, la politique n'est point une science arbitraire qui dépende des vains caprices de quelques hommes que la fortune ou la force a établis au-dessus des masses. Elle est une science réelle qui, comme toutes les autres, a ses lois et ses principes, lesquels sont indépendants des opinions de l'homme, et qui la constituent ce qu'elle est. Ces principes sont de l'ordre moral auquel doit être soumise toute volonté humaine, et ils cesseraient d'être obligatoires, ou plutôt ils ne seraient point principes, s'ils s'appuyaient sur une autre base.

La politique a pour objet le gouvernement des hommes ici bas, et pour moyens le droit de commander et l'obligation d'obéir. L'homme ne naît point indépendant, selon que des écrivains aussi dangereux moralistes que mauvais politiques se sont efforcés de le lui faire croire pour flatter son orgueil. Sa nature, ses besoins et son bonheur, répugnent à cette fausse liberté qu'on lui présente comme la plus précieuse prérogative de son être. Il n'y a que Dieu qui soit parfaitement libre; encore ne l'est-il pas à la manière que l'entendent certains prôneurs ignorants de l'intelligence humaine : car, comme Dieu, il se doit à lui-même d'être soumis à la loi d'ordre, qui, de reste, est l'éternelle expression de sa volonté.

En dépit des nouveaux systèmes qui s'arrogent tour à tour le droit funeste de changer les antiques croyances et de gouverner la chose publique, mais dont le ridicule et les désastres enfantés par eux ont fait successivement justice ; il existe pour la société et pour les individus qui la composent une loi d'ordre, à laquelle nul empire, non plus que nul homme, ne saurait se soustraire sans renoncer dès lors à la vie. Cette loi, éternelle et immuable comme le Dieu dont elle émane, régit également le monde physique et le monde moral. Par elle, se conserve cette belle harmonie qui règne dans les ouvrages de la création extérieure et dans les intelligences, et sans elle tout retombe nécessairement dans la nuit du chaos. Loi une, et principe de vie, elle éclaire la conscience de l'homme humble et du savant, du juste et du coupable ; elle est encore la vérité qui se manifeste dans la religion, la morale, la politique, la littérature, les sciences. Là où elle ne commande pas, rien n'est bien ; par conséquent, rien n'est beau, parce que rien ne s'explique, et que dès lors tout rentre à la fois dans une nuit profonde où l'on ne saisit plus que le hideux fantôme du néant. Parcourez tous les siècles, au moyen de l'histoire ; visitez toutes les régions du globe ; lisez les annales de tous les peuples qui ont passé sur la terre ; étudiez les monuments de l'antiquité ; tout atteste l'existence de cette loi de laquelle découlent toute vérité et toute justice. Elle domine dans les chefs-d'œuvre de l'éloquence, de la poésie et des beaux-arts ; dans les méditations du philosophe, dans les travaux du législateur, comme dans les compositions du jurisconsulte. Elle est ce sentiment du vrai beau, cette sorte d'instinct de la perfection, dont nul homme ne peut se défendre ; et l'on doit remarquer que l'écrivain qui s'y est montré le plus fidèle a encore acquis la gloire la plus durable.

Tout proclame donc cette loi imprescriptible, connue de tous les temps et de tous les lieux (1) ; et si, à certaines époques et dans certaines contrées, on la voit négligée en partie par l'ignorance, ou obscurcie par les passions, ce n'est pas à dire pour cela que son souvenir ait été jamais perdu dans la mémoire des hommes ; il sera vrai seulement d'avouer qu'elle a eu ses migrations. Si même, dans la série des siècles, quelques êtres

(1) Nec erit alia lex Romæ, alia Athenis ; alia nunc, alia posthàc ; sedet omnes gentes, et omni tempore, una lex, et sempiterna, et immutabilis continebit ; unusque erit communis quasi magister et imperator omnium Deus ille. Hujus inventor, disceptator, lactor, cui qui non parebit ipse se fugiet, ac naturam hominis aspernatus, hoc ipso luet maximas pœnas, etiamsi supplicio, quæ putantur, effugerit. — Cic. *ap. Lact. Instit. divin.* lib. vi, cap. 8.

à figure humaine se sont rencontrés, bien que très rares pourtant, qui ont affecté de méconnaître son empire absolu, le consentement universel des nations les réprouve, comme on a horreur de ces monstres qui apparaissent parfois au milieu du bel ordre de la nature, et dont on ignore le genre et l'origine.

Cette loi, qui fait l'espérance de l'homme vertueux, et qui pèse comme une grande affliction sur l'âme du méchant, Dieu la promulgua au commencement des choses pour le gouvernement de l'Univers, et la grava au fond du cœur de l'homme, de sorte que celui-ci la découvre sans qu'il soit besoin d'une révélation immédiate, et qu'elle est ce flambeau mytérieux qui l'éclaire dès son entrée dans le monde. Inaccessible aux caprices humains, en tant qu'elle préside aux révolutions de cet univers visible, tous les corps dont celui-ci se compose ne dévièrent jamais de la route que le créateur leur assigna en vertu de cette même loi. Aussi, rien de plus étonnant ni de plus admirable que le spectacle de la nature considéré dans le silence des passions, et alors que le cœur jouit de cette douce paix qui fait sa félicité. Tous les rouages de cette immense machine conservent entre eux le plus parfait accord, et l'harmonie qui résulte de leur merveilleux ensemble confond l'attention de l'homme et surpasse infiniment les conceptions de son intelligence.

Mais cette loi, qui ne meurt point, et qui est, selon Montesquieu (1), la raison humaine, en tant qu'elle gouverne tous les peuples de la terre, n'est nulle part plus clairement manifestée que dans la religion, qui est elle-même cette loi d'ordre et d'amour qui unit l'homme à son créateur, et les hommes entre eux. Et comme, de l'aveu de la philosophie moderne, de toutes les religions, une seule est vraie, si tant est qu'une le soit (2), de même que Dieu est un, et que, dans l'Univers, tout tend à l'unité; voilà pourquoi je n'ai point hésité de dire que, pour préserver la France de nouveaux malheurs, à cette époque de la restauration, il était instamment nécessaire de refonder la monarchie sur le catholicisme, auquel, selon le témoignage même des protestants (3), elle avait été redevable de sa première origine.

(1) *Esprit des Lois*, liv. 1er, chap. 3.

(2) J.-J. Rousseau, *Contrat social*.

(3) Gibbon, *Hist. de la décad.*, tom. VII, chap. 38.

Laissons les nouveaux faiseurs de gouvernements se débattre dans leurs systèmes d'athéisme ; jamais ils ne parviendront à rien édifier, et ils ne remueront que des ruines. Pour moi, je ne cesserai point de le dire bien haut : la politique a pour base la religion, hors de laquelle on ne trouve plus la raison du commandement ni celle de l'obéissance ; et malheur aux états qui oublieraient cette vérité que proclame l'histoire du monde ! Leur perte serait certaine. La religion, dit excellemment M. de Bonald, met l'ordre dans la société, parce qu'elle seule donne la raison du pouvoir et des devoirs (1). En effet, nul homme, que je sache, n'est par nature sujet d'un autre homme ; et celui-là serait un tyran que chacun aurait droit d'égorger pour se mettre à sa place, qui, de lui-même, et sans avoir reçu mission expresse d'une puissance supérieure, se constituerait par la force le maître des hommes. Disputez tant qu'il vous plaira sur les termes ; il ne vous sera jamais permis d'entendre autrement la liberté, que Puffendorf, Rousseau, et Montesquieu lui-même, n'osèrent pas définir dans le calme de la solitude.

(1) *Du divorce considéré au 19e siècle*. Disc. prélim.

Que la religion soit le principe de toute législation et le fondement de toute république, c'est une de ces vérités de fait avouées de tous les siècles. On bâtirait plutôt une ville dans les airs, a dit le sage Plutarque, et avant lui Cicéron, que de constituer un état en ôtant la croyance des dieux (1). Selon le fondateur de l'Académie, l'ignorance du vrai Dieu est pour les états la plus grande des calamités, et qui renversent la religion, renverse le fondement de toute société humaine (2). Un autre disciple de Socrate, non moins célèbre, Xénophon, observe que les villes et les nations les plus attachées au culte divin ont toujours été les plus durables et les plus sages, comme les siècles les plus religieux ont toujours été les plus distingués par le génie (3). Et passant de la sagesse antique à celle des temps modernes, il n'est pas jusqu'à Machiavel, qu'on n'aura garde apparamment de taxer de faiblesse d'esprit et de fanatisme, qui n'ait voué à l'exécration universelle ceux qui, en ébranlant la religion, ébranlent la société ; hommes infâmes

(1) Plutarch., *Contrà coloten.*

(2) Plat., *De legib.*, lib. x.

(3) Xenoph., *Memor. Socrat.* 1. 4. 16.

et détestables, comme il les appelle ; destructeurs des royaumes et des républiques, ennemis des vertus, des lettres et de tous les arts qui honorent le genre humain, et contribuent à sa prospérité (1) ! Enfin pour ne point rappeler tant d'autres autorités non suspectes, le citoyen de Genève reconnaît, dans son *Contrat social*, que jamais empire ne fut fondé que la religion ne lui servît de base. Et ailleurs : L'oubli de toute religion conduit bientôt à l'oubli de tous les droits de l'homme. Aussi est-il remarquable que, dans les républiques, comme dans les monarchies anciennes, la loi religieuse était encore la loi de l'état. J'avoue que les religions diverses qui se disputaient le monde, une seule exceptée, étaient fausses dans leur ensemble ; ceci prouverait du moins que l'erreur religieuse est préférable encore, pour le bien et le repos de la société, à l'absence de toute religion. Mais elles étaient vraies d'ailleurs par ces principes sur lesquels s'appuient également la religion naturelle et la religion révélée. Ainsi, l'on

(1) Sono infami è detestabili gli nomini destruttori della religione, dissipatori de regni è delle republiche, inimici delle virtù, delle lettere è d'ogni altra arte che arreche utilità è honore alla humana generazione. — Lib. 1, *De discorsi*.

retrouve partout les dogmes primitifs d'un premier être, cause productrice de tous les êtres ; de l'immortalité de l'âme ; des peines et des récompenses d'une autre vie ; et ce dernier surtout implique en lui les notions du juste et de l'injuste. Dans ces temps reculés où le christianisme n'était pas connu encore, ces dogmes suffisaient au fondement de la société, et même à sa durée, et ce n'est que quand l'athéisme eut pénétré, comme doctrine, dans les gouvernements, que ceux-ci tombèrent aussitôt en ruines. La république romaine, dans sa décadence, en est un exemple à jamais mémorable. Quand elle eut banni les dieux de son Capitole, elle n'eut plus de force à opposer à l'invasion des Barbares, qui se la partagèrent, et en finirent de cette orgueilleuse reine du monde. Rome, observe l'illustre auteur de l'*Esprit des lois*, était un vaisseau tenu par deux ancres dans la tempête, la religion et les mœurs (1). Bolingbroke fit la même remarque.

Pour faire de la politique une science positive et réelle, il faut donc nécessairement l'asseoir sur la religion : car alors tout s'explique. Instruits par elle, les hommes connaissent leur

(1) *Esprit des lois*, liv. VIII, chap. 13.

origine et leurs destinées ; ils connaissent aussi leurs droits et leurs devoirs. Les rois gouvernent au nom de Dieu, et leur empire est tout paternel. Le roi et l'état, c'est tout un ; et tous obtiennent justice sous un prince chrétien, parce que celui-ci a la conscience du compte qu'il rendra à Dieu de son administration. En vertu encore des hauts enseignements de la religion, les peuples demeurent soumis au pouvoir, assurés qu'ils sont d'obéir par là-même à Dieu, dont ils révèrent l'image dans le roi ou le premier magistrat.

Chose admirable ! la religion, dont les ennemis se multiplient tous les jours davantage, parce qu'on ne pensa jamais moins à l'étudier, est répandue partout, anime tout (1), et donne la raison de tout. Et, pour le dire en passant, qu'est-ce que la politique elle-même depuis qu'on l'a mise en dehors de la religion, et qu'on a prétendu en faire une science indépendante de cette loi, qui est la reine de tous les mortels ? Qu'est-elle autre chose qu'un assemblage monstrueux et indigeste de systèmes incohérents, qui se réprouvent les uns les autres ; d'opinions extravagantes qui passent et se succèdent rapidement,

(1) Omnia religione moventur. Cicer. *in verrem.*

parce qu'elles ne portent sur aucune base? Quelle est la vérité admise aujourd'hui en politique? Aucune. Tout est livré à l'arbitraire, et la vérité du lendemain répugne à celle de la veille. De là résulte l'incertitude dans laquelle flottent tous les esprits. Voulez-vous donner votre confiance à un établissement d'un jour? Ce serait aussi trop de folie. Et quand même vous le voudriez, j'affirme de plus que cela ne vous serait pas possible, puisqu'il est de la nature de l'intelligence humaine de ne trouver son repos que dans la vérité, et qu'aujourd'hui, en politique, rien n'est reconnu pour vrai, ou plutôt rien n'est vrai, ce qui est peut-être ici la même chose.

Qui doute que ce ne soit là un de ces grands désordres qui apportent le trouble et la confusion dans la société? Mais ce désordre, qui s'est tant accru sous le règne de la restauration, et qui suffisait à lui seul pour entraîner la ruine du gouvernement tel qu'il était constitué alors; voulez-vous savoir d'où il vient? D'une race de sophistes plus redoutables à l'état que ne l'était à l'ancienne Rome ceux que cette république fameuse jugea nécessaire de bannir de son sein; qui se sont comme rendus maîtres du monde pour en faire le jouet de mille illusions trompeuses. Ces hommes, dont la perversité est au-dessus de tout ce qu'on en pourrait dire, parce qu'elle a passé du cœur dans l'esprit, semblent avoir fait avec l'enfer une transaction de haine, par laquelle ils se seraient engagés à détruire la vérité. Projet infâme autant qu'absurde, qui révèle suffisamment l'abjection où nous sommes descendus ! On peut prédire que jamais ce vain projet ne se réalisera. Non, jamais le mensonge ne prévaudra sur la vérité, ni le mal sur le bien. Si grands que soient les efforts des sophistes, et quelle que soit la haine qu'ils ont vouée à tout ce qui est de Dieu, le vrai demeurera toujours vrai, comme aussi la vertu sera toujours distincte du crime, et les désirs des méchants périront avec eux (1). Mais, par un premier malheur qui en entraînera d'incalculables, le plus grand nombre des hommes se laisse surprendre aux discours de ces maîtres imposteurs et entraîner dans l'abîme. Pour tromper la multitude ignorante et crédule, ceux-ci mettent en œuvre tous les moyens qui doivent infailliblement réussir auprès d'elle. Déclamer sans cesse contre ce qu'ils appellent, dans la langue qui

(1) Desiderium peccatorum peribit. Ps. 111.

leur est propre, servitude, préjugés et superstition ; préconiser l'indépendance et ses prétendus bienfaits ; déverser à pleines mains le poison du ridicule et de la calomnie sur la vertu ; se montrer tolérants pour le vice, et l'excuser comme une faiblesse : telle est la tactique qui leur réussit le mieux. A les en croire, tout est opinion dans le monde ; et ils vous diront que telle vérité, admise au-delà des Pyrénées, n'est plus qu'erreur en deçà.

Que si pourtant ces profonds raisonneurs admettent, comme vérités pratiques, certains principes jugés propres à fournir une base au jugement ; ces principes ne sont encore que des êtres de convention dépourvus de réalité. Qu'est-ce à dire, je le demande, si non que la vérité n'est pas, ou que tout est également vrai, également faux ; rien n'est vrai, par conséquent rien n'est faux, puisque le faux n'est que la négation du vrai, et que le premier n'a pas même de nom, si le second n'est pas ? Sortez, s'il est possible, de ce cercle de néant, labyrinthe inextricable, qui n'a ni entrée ni sortie. Pour moi, je m'y perds, je m'y abîme, et je n'y saisis plus mon être que comme un vain fantôme.

Sont-ce là des phrases de commande, et ce langage est-il celui de l'exagération? J'en appelle aux hommes éclairés qui savent qu'il est des choses que l'on ne découvre point à l'aide des sens. Ceux-ci ont vu, long-temps avant moi peut-être, que nous marchons à la mort, au néant, entraînés que nous sommes par les doctrines nouvelles, qui ne méritent pas même ce nom, puisqu'il est de la nature d'une doctrine d'enseigner quelque chose, et qu'on n'enseigne rien dès là que l'enseignement ne repose sur aucune vérité. Les journaux, qui sont l'expression de la littérature, au même titre que celle-ci est l'expression de la société, confirment bien ce que j'avance.

Au reste, c'est cette abnégation de principes qu'il faut considérer comme la grande plaie de notre époque, bien plus que les crimes inouis et précoces sur lesquels nous avons à gémir chaque jour, mais qui ne sont en effet que le résultat de ce premier mal.

Avec de tels éléments de dissolution, quelle société pourrait être durable? Et n'y aurait-il pas maintenant de la niaiserie à s'étonner de la catastrophe de 1830?

Dira-t-on, pour me convaincre de calomnie envers mon siècle, que pourtant on respecte encore quelque chose, et que, après tout, il est des principes consacrés en morale, en religion, en politique? Qu'il y ait des principes consacrés, cela est dans l'ordre; autrement le monde aurait déjà cessé d'être. Il faut bien, quoi qu'on dise ou qu'on fasse, que la religion, la morale, la politique, aient leurs règles immuables. Il faut bien également qu'il existe des esprits assez sages pour proclamer ces règles nécessaires et éternelles comme Dieu même. De nos jours, les de Maistre, les de Bonald, les de Châteaubriand, les de la Mennais, les de Haller, et tant d'autres encore, se sont acquis dans cette noble carrière des droits immortels à l'admiration et à la reconnaissance; sublimes génies, qui ont reçu une mission spéciale du ciel pour instruire les hommes de leur temps! philosophes d'une profondeur de jugement rare, qui ont puisé dans le sein même de la divinité les principes imprescriptibles sur lesquels s'appuie l'ordre social; écrivains remplis de courage, dont la voix éloquente rappelle encore ces principes aux gouvernements qui les oublient, et qui se perdent! Mais, ici, j'entends parler de ces autres écrivains pervers, et si nombreux d'ailleurs, qui ont secoué tout joug et qui récusent toute autorité; monstres d'orgueil et de libertinage, qui s'arrogent le droit de faire et de défaire la vérité, au gré de leurs bizarres caprices! Et je soutiens que ces hommes ne reconnaissent, non plus qu'ils ne peuvent reconnaître aucune vérité, dès là qu'ils en rejetent une seule. La vérité n'est pas, ou bien elle est une, considérée implicitement, quelle que soit d'ailleurs sa multiplicité, alors qu'on la considère par abstraction et dans ses détails. Rejeter une partie d'elle-même, c'est la rejeter toute entière. Indépendante des passions des hommes, elle ne peut leur céder, sous peine de se détruire de ses propres mains, ce qui est contradictoire.

Mais, abandonnant cette question, qui est toute de métaphysique, je reviens à mon sujet. Une foule d'écrivains sans science comme sans vertus, s'occupent du matin au soir à nous fatiguer de leurs rêves politiques. En cela ils usent largement du droit que leur donne la constitution de l'état, et c'est pour beaucoup une ressource industrielle qui en vaut bien d'autres. Entendez-les : le zèle de la chose publique les dévore, et leur vie toute entière n'est qu'un long sacrifice au salut commun ; mais rien n'est plus faux, et j'ai en preuve contre eux la différence de leurs opinions respectives. Que s'ils travaillaient, comme ils essaient de nous le faire croire, pour l'intérêt général, il y aurait plus d'accord parmi eux; car la même vérité les éclairerait en même temps. Loin donc qu'il en soit ainsi, ces hommes si généreux en apparence ne songent qu'à mettre leurs intérêts matériels ou d'amour-propre en avant dans leur pensée, et s'efforcent ensuite par toutes manières d'y coordonner la chose publique. D'où il suit des systèmes de gouvernement et d'administration qui se reproduisent à nombre égal des têtes qui leur ont donné naissance. Ces hommes sont un véritable fléau pour les empires bien réglés, et surtout pour les monarchies, dont ils ruinent les fondements; mais ils sont moins funestes encore au repos de la société, et par conséquent moins coupables qne le pouvoir qui, au lieu de les proscrire de la patrie, a égard à leurs dangereux paradoxes, et compose avec leurs idées d'éternelle régénération, pour en faire à demi la règle de sa conduite.

Telle a été cependant la politique incertaine et changeante des divers pouvoirs qui se sont successivement remplacés dans le maniement des affaires sous les deux derniers règnes. Ce n'a été, de leur part, qu'une suite de lâches concessions aux exigences du parti révolutionnaire. Mais ce qui révélait surtout l'extrême faiblesse de ces pouvoirs, et ce qui présageait un mouvement prochain, ce fut alors, comme aujourd'hui, le cynisme des opinions les plus mensongères qui se publiaient librement, malgré la religion du prince. Qui n'a pas tremblé pour l'avenir en voyant les doctrines d'athéisme proclamées comme l'expression du perfectionnement moral de l'homme, au milieu des gouvernements modernes, et inculquées aux générations naissantes? Il n'est plus rien qui ne soit livré au mépris philosophique dans ces ouvrages que l'on imprime sous tous les formats pour porter la lumière, dit-on, jusque sous la cabane du pâtre, et instruire de leurs droits les hommes de toutes les conditions.

Certes, ce serait une tâche trop pénible que de reproduire sous un même coup-d'œil les opinions des principaux écrivains qui ont le plus contribué au renversement des anciennes institutions. Mais cette tâche serait peut-être utile, car elle flétrirait d'un trait la mémoire de ces mêmes écrivains, et ferait mieux comprendre aussi le crime de ces autres hommes qui, possédant le pouvoir pour le bien (1), auraient dû interdire, sous les

(1) Minister Dei in bonum. S. Paul.

peines les plus sévères, l'émission de ces pernicieuses doctrines, et qui en ont agi contrairement. Toutefois, le genre et les bornes de cet écrit ne me permettent pas une telle digression, et je m'en félicite pour mon compte; mais les livres qui enferment de tels enseignements, dont on ne contestera pas du moins que la plupart doivent entraîner forcément la ruine de toute monarchie, sont répandus partout. Qu'on les lise; ce sera plus qu'il n'en faut pour éclairer la conscience de ceux dont l'esprit et le cœur ne sont pas corrompus encore.

Bonaparte, malgré la confiance que lui inspirait son sabre, avoua qu'il ne se sentait pas le courage de commander à des hommes qui liraient Voltaire et Rousseau, et, sous son règne, il ne fut fait aucune édition nouvelle de ces deux auteurs, qui, selon la remarque trop tardive du roi-martyr, avaient perdu la France; tandis que, sous la restauration, ils étaient distribués à tout prix aux classes mêmes les plus ignares de la société. Est-ce donc que la légitimité se croyait plus forte que l'usurpation, et se flattait-elle de se soutenir contre elle-même, alors qu'elle laissait se répandre depuis les marches du trône jusqu'à la chaumière ces doctrines impies qui ont prétendu audacieusement remplacer la doctrine de Dieu, laquelle seule constitue la légitimité du pouvoir? Encore une fois, la religion, et rien que la religion, donne la raison du droit de commander et de l'obligation d'obéir. Les politiques du jour ne l'ignorent pas; aussi, pour faire crouler de nouveau le trône de S. Louis, recommencèrent-ils l'œuvre de l'anéantissement de toute idée religieuse (1). Pour ne point voir cela, il fallait être obstiné à périr, ou avoir mérité le plus terrible châtiment qui se puisse concevoir pour l'homme.

Tout le monde comprend aujourd'hui que la liberté de la presse est un besoin du siècle; mais cette liberté doit-elle aller jusqu'à pouvoir écrire et publier toutes les opinions extravagantes et dangereuses que produiront chaque jour les cerveaux les plus mal organisés? Assurément, ce serait une étrange nécessité que celle qui n'entraînerait rien moins que le renversement de tout ordre! Et, de la part d'un pouvoir qui se disait légitime, c'était une singulière complaisance que celle qui le faisait se prêter aux exigeances d'un

(1) Alors ils se souvinrent de ces paroles d'un de leurs maîtres : Pour démonarchiser la France, il faudra d'abord la décatholiciser. — Mirabeau.

siècle qui a corrompu toutes ses voies !

Sans doute la presse doit être libre, mais jusqu'à ne jamais rien publier qui porte atteinte à la constitution de l'état, ni à la religion qu'avoue et que professe ce même état, ni enfin à la morale publique. Elle doit être libre surtout en matière de littérature, parce que les questions de ce genre se rattachent le plus souvent au domaine des opinions arbitraires. Encore doit-il exister une censure chargée de veiller à ce que, dans les ouvrages de cette dernière classe, il ne se glisse point, sous le spécieux prétexte de discussions littéraires, des principes erronés, subversifs de l'ordre politique, religieux et moral; car, dans ce cas, la presse retombe sous la prévention des délits contre les lois. Voilà, pour le dire en peu de mots, comment un gouvernement sage, qui connaît les conditions de sa durée, doit entendre la liberté de la presse, et jamais il ne sera possible de la comprendre autrement. Elle n'est que dans le droit de publier ce qui est vrai, ce qui est bien, ou au plus ce qui est indifférent en soi. Hors de là ce n'est qu'une licence effrenée, qui entraîne forcément à la plus honteuse des servitudes, celle de l'erreur et des passions.

Il appert, d'ailleurs, que j'ai entendu prouver jusqu'ici seulement que si on avait voulu établir une monarchie, et encore une monarchie chrétienne, lors de la restauration, on a commis assurément de grandes fautes.

Que si, au contraire, c'était une démocratie véritable que l'on croyait avoir fondée, les fautes n'ont pas été moins grandes, peut-être, ni moins nombreuses. Car qu'est-ce qui attestait au peuple qu'il était souverain de fait, et en quoi exerçait-il sa souveraineté? S'il est vrai que la nation n'était pas comprise tout entière dans les quatre-vingt mille électeurs, il faudra bien reconnaître que le peuple continuait d'obéir, comme du temps de la monarchie absolue, avec cette différence néanmoins qu'il ne jouissait ni du repos, ni de la foi en ses institutions; avantages immenses, qui pouvaient contribuer encore à son bonheur, dans cet autre temps déjà si loin de nous. Il ne recueillait de la souveraineté guère plus que l'ennui de vivre dans un provisoire sans fin, attendant chaque jour que l'électeur à cent écus prononçât sur le lendemain de la France, en conséquence sur son propre avenir. C'est ainsi, en effet, que nous avons vécu durant les dernières années de la restauration, lesquelles ont passé dans l'inquiétude toujours croissante de revoir quelque révolution nouvelle, qui devait nous replacer dans un état pire encore.

Ne poussons pas plus loin nos recherches, et hâtons-nous de conclure que le régime qui a fini en 1830, après s'être maintenu violemment au milieu des haines implacables et des intérêts divisés, n'était ni monarchique, puisque, paralysée sans cesse par l'action des chambres, l'autorité royale était nulle en réalité; ni aristocratique, puisque, en dernière analyse, c'était toujours du milieu du peuple que sortait cette aristocratie, d'ailleurs changeante et mobile comme l'argent, qui en était la base et le principe, au lieu d'avoir sa racine dans la propriété foncière, dans les priviléges et dans les mœurs du pays, comme en Angleterre. Il n'était pas non plus franchement démocratique, puisque, après tout, de trente-deux millions de Français, il n'y en avait que quatre-vingt mille qui acquéraient le droit d'élire les représentants; et que, d'ailleurs, malgré le principe de la souveraineté nationale, reconnu implicitement dans la charte de 1814, le peuple n'en était pas moins soumis en tout à une administration centrale, et par là-même tyrannique, qui détruisait les droits naturels des communes et des provinces.

C'était donc un régime complètement bâtard que celui dont nous parlons, un composé bizarre de principes qui répugnent, un souvenir accablant de la république et de l'empire. On crut, à l'aide de cet étrange alliage, satisfaire aux besoins du siècle, contenter tous les intérêts et flatter tous les amours-propres; mais combien on s'était trompé! Et quels ne doivent point être, aujourd'hui, les regrets de ceux qui ont été infidèles à la noble mission que leur avait confiée la Providence de guérir les plaies si cruellement faites à la patrie! Ils auraient épargné à une famille illustre et malheureuse la douleur de fuir encore loin de la terre de France, dont elle avait été la gloire pendant une si longue série de siècles. Ils auraient aussi épargné à la France la honte d'être soupçonnée par tous les peuples, comme ennemie de leur repos et de leur prospérité. Mais à quoi serviraient des plaintes stériles, qu'à ajouter au poids d'infortune qui pèse sur leur âme? D'ailleurs les fautes que font les hommes d'état ne sont pas toujours libres; souvent, dit Montesquieu, ce sont des suites nécessaires de la situation où l'on est, et les inconvénients ont fait naître les inconvénients. Avançons plutôt, et achevons de montrer que les événements de 1830, qui ont surpris tant de personnes de bonne foi, furent une conséquence inévitable des nombreux éléments de dissolution dont on avait fait comme la base de la loi de l'état, et qui se manifestaient surtout dans les mœurs du peuple.

CHAPITRE II.

Causes secondaires de la chute du trône en 1830.

Outre les causes générales qui ont amené la catastrophe de juillet, et que j'ai signalées comme étant de l'essence même du gouvernement déchu, il en est d'autres qui furent, il est vrai, le résultat de celles-ci, mais que pourtant il n'est pas hors de propos de rappeler, pour l'influence qu'elles ont exercée sur la marche de la révolution. On doit placer au premier rang les prétentions de l'ancienne noblesse, parce que, vraies ou fausses, elles n'ont pas moins servi de prétexte au libéralisme.

Que des hommes fiers d'un nom qu'avaient illustré leurs ancêtres, et regrettant un passé qui ne reviendra plus, aient rêvé le retour de ce vieux temps dont ils virent les dernières traces au déclin de la monarchie, c'est ce que nous n'aurons garde de révoquer en doute. Les souvenirs de leur enfance devaient être, pour un grand nombre des anciens nobles, un sujet d'arrière-pensées, et il est même naturel que les récits qu'ils durent en faire à leurs neveux aient excité dans ces derniers le désir de revoir des jours que peut-être ils appelaient de l'*âge d'or*. J'avoue que la vie châtelaine, telle que la retracent en même temps les historiens, les poètes et les romanciers, pouvait avoir des charmes, et qu'elle est digne de nourrir les regrets de ceux qui n'ignorent pas que la tyrannie révolutionnaire seule les a privés de l'espoir d'y revenir jamais. Tout enchante dans l'histoire de ces chevaliers du moyen-âge, qui se déclaraient le soutien du trône et de l'autel, l'appui du faible et de l'innocent, et qui avaient pour devise ces mots si féconds en prodiges de valeur : DIEU, L'HONNEUR ET LES DAMES! Il n'est pas, j'en suis sûr, jusqu'au plus ardent fauteur de l'égalité qui ne se sente quelque propension à cette vie féodale, où l'on était le maître de tout ce qui vous environnait au loin, même des hommes, dont il était si facile, à cause de cela, de rendre la condition supportable ; doux emploi, il faut le dire, qui fut celui du plus grand nombre des seigneurs français, dont le christianisme avait adouci les mœurs, et en qui cette religion avait fait naître de la pitié pour ceux que la fortune leur avait soumis !

Égaux devant la loi, comme le reste du peuple, et perdus dans la foule à la manière du commun des hommes, n'ayant rien de plus qu'un vain nom, qui devenait encore un fardeau accablant lorsqu'il n'était pas soutenu par la richesse, ceux qui continuaient de s'honorer du titre de gentilshommes ne devaient donc pas avoir perdu, pendant les quarante dernières années, toute envie de voir renaître de ses cendres l'ancien ordre de choses qui avait été si favorable à leurs pères. Il est si naturel de tendre au mieux ! Et puis l'amour-propre est toujours là qui nous aveugle, et qui nous persuade que ce qui est le mieux pour nous doit être aussi le mieux pour le reste du monde. On rapporte qu'il fut un temps où les individus faisaient abnégation d'eux-mêmes et de leurs intérêts personnels en faveur de l'intérêt général : cela est possible ; mais cet heureux temps n'est plus, et peut-être même que nos mœurs actuelles ne le permettraient pas !

Quoi qu'il en soit, quelques familles distinguées par de vieux titres, et, faut-il le dire? par les longs services qu'elles rendirent à la monarchie, s'affligeaient de ne pouvoir ramener à leur gré ces temps où elles exerçaient sur l'opinion un pouvoir toujours si flatteur pour la vanité. Que même elles y tendissent de tous leurs efforts, c'est au moins ce dont on n'a cessé d'accuser le plus grand nombre. Aveugles ! elles ne voyaient pas que les coutumes des peuples, non plus que les peuples eux-mêmes, ne reculent jamais, et que le vieil édifice ruiné de leur puissance féodale ne pourrait jamais être réparé. Que si pourtant elles en rêvèrent la réhabilitation, elles étaient coupables ; car elles légitimaient les timides soupçons de la nation, laquelle ne consentirait plus à se reconstituer en servage, tout exprès pour flatter l'orgueil de certains hommes qui, à toute force, ne veulent point appartenir à leur siècle, précisément parce que ce siècle ne peut leur donner ce qu'ils revendiquent comme leur héritage. Pascal a dit : « Le moyen infaillible de tout renverser est de vouloir ramener les choses à l'ancien état. » Pascal disait vrai ; et, certes, ses paroles reçoivent admirablement bien ici leur application.

A Dieu ne plaise que je croie que ces temps reculés où la plupart des hommes, dociles à l'obéissance, retrouvaient un bienfaiteur dans celui que la conquête leur avait imposé pour maître, ne valussent pas le nôtre ! Si même j'avais à choisir, je ne balancerais pas à préférer l'ignorante soumission de ces temps aux perfides lumières de notre siècle, dont la liberté tyrannique et insolente ne vaudra jamais, proportion gardée, le despotisme bienfaisant des anciens jours. Mais parlons sans feinte, ne serais-je pas encore déterminé dans mon choix par la position que je devais occuper ? Car enfin, quoi qu'on dise, la liberté est innée dans l'homme, et ce n'est pas volontairement que celui-ci se constitue l'esclave d'un autre homme. Cet état de servitude féodale put exister autrefois ; mais ce n'était toujours qu'une institution barbare, importée longuement des peuples septentrionaux dans les mœurs françaises. D'ailleurs, le christianisme, qui a depuis si long-temps affranchi le genre humain du joug de l'homme, dut, en prescrivant une règle des droits et des devoirs, faire disparaître insensiblement ces coutumes des féroces enfants du Nord, qui ne rappelaient que trop des époques funestes pour le monde, et substituer le règne de la justice à celui de la force brute. Ne voyez-vous pas, en effet, ces institutions féodales recevoir sous chaque règne quelque nouvel échu? Charles VII, Louis XI, le cardinal de Richelieu, sous Louis XIII, ne lui portèrent-ils pas les coups les plus violents? Et, sous Louis XIV, qui a su imposer son nom à tout un siècle, n'étaient-elles pas entièrement disparues en réalité? Cet habile monarque imagina, pour calmer le ressentiment des seigneurs, de leur donner le premier pas à la cour; mais ce n'était là qu'une déception, car leur puissance primitive était à jamais tombée. Depuis cette époque de leur véritable défaite, ils continuèrent encore d'exercer une certaine influence sur les masses. Cela devait être, parce que celles-ci, qui n'avaient point pénétré les secrets de la politique des monarques, devaient revoir la puissance dans ces hommes que leur nom, leurs richesses et leur accès auprès du trône plaçaient toujours au-dessus d'elles. Mais cette haute considération dont jouissait encore la noblesse parmi le peuple diminua au fur et à mesure que les hommes s'imancipèrent au moyen de l'instruction, et même elle dut périr sans retour dans le grand drame de 1789.

Louis XVIII, en reprenant possession du trône de ses aïeux, pour se fortifier davantage, voulut agir à la manière de Louis XIV et de ses successeurs, et s'entoura de l'ancienne et de la nouvelle noblesse; mais le prestige était détruit, et les membres de la première ne s'y trompèrent point. Ils virent clairement alors qu'il n'y avait plus qu'illusion pour eux là où était une réalité pour leurs ancêtres. Aussi vécurent-ils dans une sollitude continuelle, se plaignant avec le reste du peuple, quoique dans des vues toutes contraires; nourrissant en leur âme des désirs et des projets qui se manifestaient parfois au dehors; se plaçant dans un système de critique et d'opposition contre un gouvernement qui ne favorisait en rien leurs pensées ambitieuses et vaines. Leur antipathie pour le nouvel ordre de choses put autoriser les plaintes quelquefois outrées et très souvent injustes de leurs nombreux détracteurs. Alors retentirent les mots magiques de *droits féodaux*, vain épouvantail dont les révolutionnaires usaient à leur profit auprès de gens dont la crédulité contraste si fort avec les lumières de l'époque. Certes, ce moyen, tout absurde qu'il fût, n'a pas peu concouru à hâter l'achèvement de la vaste entreprise révolutionnaire, et on peut même le regarder comme un puissant levier dont on s'est adroitement servi pour remuer le peuple, surtout le peuple agricole.

N'a-t-on pas entendu aussi crier aux dîmes? C'était bien plus qu'il n'en fallait sûrement pour jeter l'effroi parmi ce peuple qu'on avait démoralisé jusqu'à la sottise. Pauvre peuple! on l'effrayait par le souvenir de la dîme, dont les chrétiens s'estimaient autrefois tributaires à l'Église, comme on fait peur à l'enfant qui crie en lui annonçant le loup de la forêt; et il ne songeait seulement pas que l'impôt qu'il payait au Trésor public pour salarier le clergé excédait peut-être deux fois en valeur cet ancien tribut qui lui apparaît aujourd'hui si insupportable! Après cela, Plutarque n'a-t-il pas eu raison de dire : Les grands embrâsements commencent souvent par la lampe d'une pauvre maison, et il faut bien peu de chose pour en imposer au peuple? (1)

Nous ne finirions pas si nous voulions nombrer toutes les causes qui ont entraîné la chute du trône en 1830. Ces causes sont de l'ordre politique, selon que je l'ai fait voir en développant les

(1) Plutarch. De præceptis gerindæ reipublicæ.

vices de la constitution ; de l'ordre religieux et moral, comme je l'ai montré encore en disant que l'état était athée. La religion, cette puissante garantie du repos des empires, et qui devrait être d'institution politique, quand même elle n'aurait pas une origine céleste, était chaque jour battue en brèche par l'incrédulité moderne qui profitait du mépris qu'avait pour elle la loi de l'état ; et l'on avait ainsi ôté au peuple le seul frein capable de le contenir dans les règles de l'obéissance, en même temps que la cupidité et tous les besoins factices nés du luxe le poussaient aux révolutions, dans lesquelles il se flattait de contenter sa soif de l'or et du plaisir.

Il faut reconnaître, en outre, que la religion, telle qu'on l'avait faite en France depuis Louis XIV, était bien propre à nourrir d'injustes préventions dans l'esprit des hommes qui, par nature, ont si peu de penchant à se soumettre à ses lois austères. Le gallicanisme, enfant perdu de la réforme protestante et du philosophisme, consacrait ostensiblement le pouvoir arbitraire des rois et la révolte contre le chef de l'Église, et ses tant précieuses libertés, si persévéramment défendues par la magistrature, n'étaient en somme que cette double et impie consécration. Mais les hommes auront toujours, quoi qu'on fasse pour les corrompre, le sentiment du juste et du vrai; et si, aux premiers âges du christianisme, ils avaient consenti à se soumettre à l'autorité spirituelle, parce qu'ils lui reconnaissaient implicitement le droit de commander, et par suite à l'autorité temporelle, parce qu'ils la voyaient elle-même soumise à la première comme à un juge infaillible, il était naturel qu'ils cessassent d'avoir confiance dans les rois devenus indépendants de tout pouvoir supérieur (1), et aussi dans la religion de l'état, asservie elle-même à l'arbitraire des rois, et qui n'offrait plus de rempart contre la tyrannie de ceux-ci aux hommes qui ont déclaré, il y a long-temps déjà, ne vouloir point servir, *non serviam.* Qui niera, en effet, qu'il leur faille des raisons déterminantes pour plier sous le joug de l'obéissance, lequel joug est doux ou pénible, selon que celle-ci est légitime ou non? Nous pourrions ajouter avec l'orateur romain que c'est là surtout ce qui distingue essentiellement l'homme des animaux irraisonnables (2).

(1) Depuis que les peuples ne voient rien au-dessus des rois, ils s'y sont mis eux-mêmes. — DE BONALD, *Théorie du pouvoir*, tom. II, p. 289.

(2) Ut nemini parere animus benè à naturâ informatus

Enfin je ne gagerais pas que ces causes ne fussent aussi de l'ordre physique; car l'aspect de la France a sûrement bien changé depuis quarante ans, et sa division domaniale n'est plus du tout la même aujourd'hui qu'elle était encore en 1789. Les propriétés subdivisées en mille parts ont changé de maîtres plusieurs fois déjà depuis ce temps, et ceux-ci n'ont pas laissé que de remuer le sol de l'état, de telle sorte qu'on y retrouverait à peine un souvenir des anciens possesseurs.

Mais toutes ces causes si diverses, et qui cependant se lient si étroitement les unes aux autres, veut-on savoir ce qui leur a servi de véhicule commun? D'abord l'impétueuse ardeur d'une jeunesse grandie à la hâte au milieu des orages politiques, succombant sous le poids d'une instruction précoce, et dont les désirs s'irritaient d'autant plus à mesure que les moyens de les satisfaire diminuaient davantage, par l'affluence d'élèves que l'Université lançait chaque année dans les différentes carrières, sans autre savoir que

velit, nisi præcipienti, aut docenti, aut utilitatis causâ, justè et legitimè imperanti; ex quo animi magnitudo existit, humanarumque rerum contemptio.— CICER. *De offic.* lib. 1. cap. 4.

celui qui inspire l'amour des plaisirs, de l'argent et des places.

Anciennement, en France, l'instruction était beaucoup moins répandue qu'aujourd'hui, et par conséquent les hommes avaient bien plus de tendance à suivre la profession de leurs pères, si humble qu'elle pût être d'ailleurs, chacun selon le rang social dans lequel la Providence l'avait fait naître. Ajoutons que la carrière ecclésiastique offrait une immense ressource aux jeunes gens qui, entraînés par le goût de l'étude, ou par une vocation particulière, se consacraient au service des autels, et trouvaient dans les différents ordres du clergé une existence honorable, en même temps qu'ils y satisfaisaient leur penchant pour la science. Mais depuis que le vandalisme révolutionnaire a nivelé le sol de la patrie, et que l'odieuse bande noire n'y a pas laissé pierre sur pierre de ces antiques monastères d'hommes et de femmes, asyles sacrés de la vertu et du malheur, dont la destruction se fera sentir dans les âges les plus reculés, quelle route reste-t-il à la jeunesse devenue à la fois si nombreuse et si avide de jouissances sensuelles, à cause de l'espèce d'instruction qu'elle a reçue, et qui n'est guère propre, sans doute, à inspirer l'amour d'une vie pauvre et obscure?

Dévorée qu'elle est jour et nuit d'ambition et de besoins inconnus à ses pères, devez-vous donc vous étonner qu'elle se soit mise en tête du dernier mouvement qui a failli emporter d'un même coup et le pouvoir, et les institutions, et l'ordre social tout entier? Supposant même avec raison que ses désirs sont loin d'être comblés, on pourrait peut-être demander si l'on n'a pas tout à craindre encore de sa part. Eh bien! l'avenir répondra.

En second lieu, le grand agent de ces causes de dissolution, ce furent les vaniteuses prétentions de la bourgeoisie, de cette classe intermédiaire, qui est devenue très nombreuse et très puissante par le morcellement des anciens domaines et par les produits de l'industrie. Le temps était venu où cette classe ne se contentait plus de richesses; on ne vit pas que de pain, selon la parole de l'Évangile, et il lui fallait des dignités, des honneurs et des charges qui procurent de la considération dans l'état. Ni le vain étalage de la magnificence, ni le luxe des habits, ni la somptuosité des repas, ne lui suffisaient plus. Une autre pâture était nécessaire à ses besoins. Elle se consumait de jalousie pour la noblesse, qu'elle croyait toujours au-dessus d'elle, et qui l'était, en effet, à certains égards. On ne détruit pas subitement les préjugés des peuples, et, nonobstant les jactancieuses criailleries des zélateurs de l'égalité, ces hommes dont les noms remontaient au berceau de la monarchie n'en continuaient pas moins de percevoir un tribut de respect et de prépondérance sur la multitude, et peut-être sur ceux-là même qui leur étaient si hostiles.

La bourgeoisie donc, que les changements opérés depuis quarante années avaient faite la plus riche et la plus forte, dut profiter de toutes les raisons que j'ai déduites rapidement, et mettre en œuvre tous les moyens qui étaient en son pouvoir pour arracher les dernières pierres qui restaient encore de l'ancien édifice. C'est ce qui explique les comités directeurs établis dans presque tous les départements, et dont Paris était le centre; qui avaient leurs journaux vendus au parti, leurs initiés de différents grades, et jusqu'à leurs commis-voyageurs, par qui étaient colportées dans tout le royaume les vues de cette vaste conspiration établie en permanence. N'avaient-ils pas aussi leur Souverain Pontife, qu'ils promenaient en spectacle, pour mieux exalter les têtes et faire de prosélytes? C'est encore ce qui explique le zèle de ces opulents financiers et de ces riches négociants, véritables seigneurs du libéralisme, qui, unis ensemble par les liens d'une philantropie toute matérielle, n'ont pas tenu à commettre leur fortune pour faire réussir cette entreprise qu'ils appelaient le grand œuvre; tant de cupidité et d'amour-propre les pressait de se faire, à leur tour, les premiers dans l'état! Car ne pensez pas, je vous prie, que ce soit par dévouement au bonheur du peuple qu'ils ont aidé si ardemment à la nouvelle révolution. Leur mot d'ordre était *Guerre à toutes les sommités sociales*, qui leur faisaient ombrage, et qui les retenaient dans une position de juste milieu, dont s'offensait leur vanité rôturière.

On verra même, pour peu qu'on y réfléchisse, que ce fut une faction d'hommes que dévorait l'envie de s'élever, qui ont dit à d'autres ambitieux, lesquels du moins avaient en leur faveur la prescription : Assez de temps vous exerçâtes le monopole de la considération dans la société; nous aussi, nous y avons droit. Notre tour est venu enfin; cédez la place. A nous l'honneur, la gloire, le commandement! à vous l'obéissance!....

Voilà ce qu'ils ont dit : c'est du moins la conséquence qu'il est permis de tirer de leurs œuvres. Car on peut bien demander maintenant ce qu'ils ont fait depuis que leurs vœux ont été largement exaucés en surgissant au pouvoir. Qu'ont-ils substitué à ce qu'ils ont détruit? Où sont allées les brillantes promesses qu'ils firent, en pleine rue, au peuple qui se ruait contre les baïonnettes du pouvoir encore debout? Qu'a gagné ce peuple, moins coupable qu'aveugle, à donner tête baissée dans cette nouvelle tourmente révolutionnaire? Et si nous voulions porter plus loin nos investigations, nous pourrions peut-être nous enquérir de ce qui est revenu d'avantageux aux hommes de la bourgeoisie dans cette autre phase de notre position sociale, qu'ils ne peuvent plus attribuer qu'à eux-mêmes. Ces questions si graves, et qui méritent si bien d'être examinées, feront la matière du chapitre suivant.

CHAPITRE III.

Résultats de la révolution de 1830.

Si la révolution de juillet devait finir par changer la dynastie et nantir de places certains hommes jaloux d'exercer à leur tour le monopole administratif, ce n'était sûrement pas la peine de faire tant de bruit : mieux valait encore rester comme nous étions ; car la sagesse veut qu'entre deux maux on opte pour le moindre. On ne change pas sans péril la constitution d'un état ; et ces changements toujours si coûteux ne se légitiment à la longue qu'autant que la somme des biens qu'ils ont amenés surpasse celle des maux qu'ils ont détruits. Est-ce là ce que nous voyons? Vous qui ne vous sentez point hardis contre l'évidence, répondez, je vous prie.

Quelques griefs que l'on ait eu droit de reprocher au régime de la restauration, il se recommandait après tout par le bien-être du plus grand nombre. Tous n'étaient pas heureux, sans doute; mais tous du moins trouvaient des ressources contre l'extrême misère. Le commerce qui, à cause de la circonscription actuelle des diverses parties de la France et des habitudes nouvelles du peuple, est devenu depuis long-temps déjà une condition de vie pour cet empire, florissait sous le règne de Charles X, et s'il semblait languir à certains égards, il n'en faut accuser que les révolutionnaires qui poussaient sans cesse à de nouvelles catastrophes. Les arts, les sciences et les lettres, étaient protégés, et toutes les inventions de l'industrie recevaient aussi leur part d'encouragement. De quoi se plaignait-on? n'y avait-il pas pleine liberté de s'adonner au plaisir, et l'administration ne prenait-elle pas un soin religieux de complaire aux goûts publics par un raffinement inoui de jouissances sensuelles? Sous ce rapport, certes, on est bien injuste de lui en avoir tant voulu. Ce ne sont pas les théâtres, non plus que les cafés, ni les académies de jeux, ni les lieux de prostitution, qui manquaient au peuple. Ces lieux, le gouvernement les tenait sous sa tutelle. Il avait ses rentiers parmi les acteurs et les actrices. Il allouait des sommes, déterminées par la volonté des ministres, à la construction de nouvelles salles de spectacle là où il n'y en avait pas encore, à mesure que le besoin s'en faisait sentir, et peut-être pour le plus grand bien de la civilisation. Il est vrai aussi qu'il réservait des fonds pour salarier le culte catholique; mais on n'ignore pas de quelle économie et de quelle réserve il usait dans la répartition de ce budjet, et cela aurait dû faire son excuse. D'ailleurs, le culte catholique, que l'état reconnaissait comme sien, n'était guère mieux traité que les sectes; et, si peu que l'on ait de bonne foi, on avouera que la religion, qui oblige les hommes à la pratique de la vertu, et qui seule explique la société (1), avait bien autant le droit de vivre

(1) Tout ce qu'il y a de vérité, d'ordre et de raison dans le monde, a sa racine dans le christianisme; et le christianisme anéanti, s'il pouvait l'être, il ne resterait que la nuit et le chaos. — M. DE LA MENNAIS.

que ces prétendus beaux arts qui ne plaisent le plus souvent que par les coups qu'ils portent à la morale.

Pourquoi se plaindre? Le pouvoir de la restauration n'accorda-t-il pas au philosophisme tout ce qu'il pouvait, et même plus qu'il ne pouvait, pour parler sans figure? Les jésuites, ces hommes que le grand Frédéric, roi de Prusse, regardait comme les meilleurs des prêtres, et à qui Catherine II, impératrice de Russie, accordait protection dans ses états, parce que, écrivait-elle au pape, en 1783 : De toutes les sociétés catholiques, ils étaient la plus capable d'instruire ses sujets, et de leur inspirer les sentiments de l'humanité avec les véritables principes de la religion chrétienne. Ces hommes, dont Bacon, Montesquieu, Buffon, Voltaire lui-même, et le philosophe Cérutti, ne craignirent pas de prendre la défense contre leurs nombreux adversaires, faisaient peur aux timides esprits-forts du XIXe siècle. Eh bien! on les vit, malgré leurs droits naturels de citoyens français, bannis de la terre de France, en leur qualité d'instituteurs d'une jeunesse que ses pères leur avaient confiée. Les envahissements du clergé, dont tout le monde parlait sans que personne pût en citer un exemple, causaient de vives alarmes ; (et Dieu sait combien il fallait avoir l'esprit à l'étroit pour donner dans de telles paniques !) Alors le pouvoir, qui était tout de paix, ne rangea-t-il pas, en vertu d'une ordonnance contresignée d'un évêque, les écoles ecclésiastiques de second ordre sous l'obédience universitaire, et ne restraignit-il pas l'autorité de l'épiscopat dans les bornes légales? Encore une fois, d'où pouvaient venir les éternelles doléances des libéraux-philosophes? Tout allait cependant à souhait pour eux, et la restauration favorisait assez largement les vastes desseins qu'ils avaient formés contre Dieu et les rois. Ils n'avaient donc qu'à laisser faire, et surtout ne rien toucher à l'édifice qui était debout, et qui les couvrait de son ombre. Mais il est des temps où Dieu ôte l'intelligence aux peuples, qui ne savent plus alors ni ce qu'ils disent, ni ce qu'ils font, ni ce qu'ils veulent. Ces temps adviennent aussi pour les rois, et c'est alors que la terre est frappée de ces grands coups qui l'ébranlent jusque dans sa base. Il appert clairement par là le peu que nous sommes ; et malheur à nous si ces grandes leçons ne nous instruisent pas à n'attendre que d'en-haut notre salut !

Quoi qu'il en soit, ces honteuses concessions,

que le parti révolutionnaire exigeait incessamment du pouvoir, sous peine de lui refuser son permis de séjour, et qui suivaient toutes les unes des autres (1), ont été justement la cause première qui accéléra la chute de ce même pouvoir, lequel devait périr plutôt ou plus tard, par les raisons que j'ai déduites précédamment. Mais ce pouvoir une fois déchu, puisqu'enfin on voulait à toute force son renversement, dites, s'il vous plait, qu'y a-t-on gagné? Le sang français a coulé à grands flots aux journées si mémorables de juillet, dont la gloire pourtant est si bien flétrie aujourd'hui; et qu'est-il sorti de cette semence qui promettait d'être si féconde? La patrie éplorée a vu ses enfants s'égorger entre eux; qu'a-t-elle recueilli de cette terrible catastrophe? Qu'ont-ils recueilli eux-mêmes de leur lutte sanglante, que la mort? L'avenir dira si ces hommes qui ont succombé sans gloire, malgré les éloges funèbres dont on feignit d'honorer leurs cadavres encore palpitants, ne furent pas les instruments aveugles de ces autres grands coupables qui, se tenant à l'écart au jour du péril, ne craignirent point de

(1) Multa concedendo, nihil aliud efficitur quàm ut acriùs âlia exposeantur. — TACITE.

compromettre le repos de l'Europe, et de livrer le bonheur de la France, comme une pâture, à leur insatiable cupidité!

Le peuple, trompé par les perfides séductions de ceux qui, sous l'apparence d'un dévouement sans bornes, étaient ses plus dangereux ennemis, salua avec joie les événements de 1830, comme l'aurore d'une nouvelle ère de bonheur; ne vous en étonnez point. Si bas qu'un peuple soit descendu, il ne peut perdre le sentiment de la félicité qu'il tient de la nature. Harcelé depuis long-temps par les infatigables instances de ses nouveaux maîtres; circonvenu par mille faux conseils, et persuadé enfin qu'il ne jouirait du repos qui lui est si nécessaire que lorsqu'il aurait changé sa constitution politique, il n'hésita pas à se prêter à tout ce qu'on exigeait de lui pour venir à bout de cet important dessein; il s'y prêta même de gaîté de cœur, et avec cet enthousiasme dont il se laisse si aisément remuer. Les plus grands sacrifices ne lui coûtèrent point. *Vaincre ou mourir*, ces mots furent dès lors sa devise contre l'autorité souveraine. Ainsi disposé, le triomphe lui était devenu facile, de quelque prix qu'il dût le payer d'ailleurs.

Enfin, c'en était fait; le monde, régénéré dans le sang de plusieurs milliers de Français, avait atteint son plus haut période de gloire. Les pauvres humains, si long-temps courbés sous le joug de la tyrannie et de la superstition, allaient recueillir les fruits de leurs longs combats, et le bonheur devait être le partage de chacun indistinctement. L'égalité de tous, reconnue comme un droit naturel et imprescriptible, était désormais une garantie d'amour mutuel et de protection réciproque. Qu'en coûtait-il de le dire? N'était-ce pas un moyen infaillible d'achever le grand œuvre des rose-croix de la philanthropie? Avouons que ceux qui ont su profiter de ces basses menées ont été bien adroits pour leur compte. Et pourtant il y a peu de franchise et de loyauté dans pareille conduite..... (1). Un ministre a dit, à la tribune législative, *que la restauration avait fait mal au cœur à la France*. Je ne pense pas qu'on m'accuse d'être trop prévenu en faveur du pouvoir tombé; cela me donne le droit de parler ici plus ouvertement. Eh bien! cette ignoble expression, qui n'aurait jamais dû se faire entendre dans

(1) Il ne faut pas venir au gouuernement de la chose publique, en intention d'y trafiquer, ni d'y faire bien ses besongnes. — Plutarq., *Instruction pour ceux qui manient les affaires d'état*. Trad. d'Amyot.

le langage parlementaire, peut être exacte en soi; mais que dire maintenant du pays, tel que nous l'ont fait les révolutionnaires de juillet? Sous la restauration, j'en conviens, la France avait mal au cœur, mais aujourd'hui est-il une seule partie du corps qui ne soit toute couverte d'ulcères? C'est à M. l'ex-ministre au département de l'intérieur qu'il appartient de répondre.

N'y a-t-il pas vraiment au fond de tout cela quelque chose qui fatigue même la patience, même le dégoût? Les vrais libéraux qui, par malheur, sont trop peu nombreux, commencent à le comprendre, et je les plains fort du triste mécompte qu'ils éprouvent en ce moment, plus malheureux, sans doute, que les partisans de la dynastie déchue, puisqu'enfin ce doit être une sorte de consolation qui reste à ces derniers de voir que les choses s'en vont comme ils l'avaient pressenti.

On croirait, en effet, qu'il n'en peut être autrement dans les destins de l'espèce humaine : ce ne sont toujours que déceptions iniques, intrigues odieuses d'un parti devenu puissant pour opprimer les autres, qui languissent dans l'impatience de surgir à leur tour, et d'écraser les partis contraires. Ne cherchez point la cause de ce mal (car c'en est un réel) ailleurs que dans les passions, qui, certes, au moment où j'écris ces pages, n'ont point abandonné le cœur de l'homme. Elle est dans cet égoïsme barbare qui fait de chaque individu le point central autour duquel doit se mouvoir la nature entière ; prétention monstrueuse autant que vaine qui n'en conduit pas moins chacun à exploiter à son profit la chose publique, dût tout le reste mourir à l'entour!

Je n'ai garde de contester à mon siècle l'honneur du perfectionnement dans les arts et les sciences naturelles; j'avoue même qu'on ne fut jamais plus habile à mettre à contribution la matière pour en tirer tout le profit possible; mais qu'il y a loin de ces avantages, si précieux qu'ils puissent être, à ce qu'on appelle la civilisation, dont ils ne sont au plus que des résultats secondaires! Car, quelque soin que l'on se donne pour confondre les idées, un bazar, pour le dire avec un profond publiciste, ne sera jamais une cité, laquelle a sa vie première dans les intelligences et dans le lien moral qui les unit (1).

(1) Un journal non suspect a laissé échapper tout récemment cet aveu analogue : « C'est l'ordre moral, c'est la vie intellectuelle, qui font, de l'espèce humaine, une société et non pas un troupeau. — *Messager*, déc. 1833.

Jugez donc à présent des progrès qu'a faits la raison humaine! Il y a tantôt un demi-siècle qu'on ne cesse de proclamer comme avenu l'heureux état de perfectionnement social; et, si grands que soient les désappointements de tous les jours, le nombre grossit de plus en plus des imprudents qui croient à ces absurdes déclamations.

On ne cesse pas non plus de crier au fanatisme, en désignant les sectateurs de la religion chrétienne. Eh bien! je le demande, vit-on jamais ceux-ci, dans les temps de foi, montrer une crédulité égale à celle qui caractérise les partisans de la philosophie moderne? n'eût-elle que le mérite d'épargner la honte de suivre aveuglement les nouveaux docteurs, dont les actes décèlent si ouvertement l'orgueilleuse perversité, une éternelle reconnaissance serait due encore à cette religion tant calomniée par ceux qui ne la connaissent pas. C'est qu'à elle seule, en effet, appartient le droit sublime de fixer les incertitudes de la raison humaine. En soumettant l'homme au joug d'une obéissance raisonnable (1), elle lui révèle tout ce qu'il lui importe de connaître. Du côté de

(1) Rationabile obsequium vestrum. — S. Paul, epist. *Ad Rom.*

la philosophie, au contraire, ce n'est qu'une éternelle fluctuation de principes, qui ne peut aucunement contenter l'esprit humain, lequel étant émané de Dieu ne peut trouver son repos que dans ce qui porte le caractère indélébile de la vérité, qui est Dieu. Lisez plutôt l'histoire des quarante dernières années de nos troubles politiques; vous verrez à quel point l'homme devient crédule, et comme il se laisse aller à tout vent de doctrine quand une fois il a franchi la barrière de l'autorité.

Pour se rendre compte des avantages que la France a retirés de l'œuvre des trois jours, il suffit donc de comparer son état actuel avec ce qu'elle était auparavant. La veille encore de ce grand drame qui lui a coûté si cher, il y avait de la gloire pour notre armée, et les expéditions d'Espagne, de Morée et d'Alger, avaient prouvé récemment à l'Europe ce que nous valions sur les champs de bataille. Nos relations avec le reste du globe étaient amicales, et, forts de la bravoure de nos jeunes soldats, nous n'avions rien à redouter de la part de nos voisins. De là ce repos dont nous jouissions au dedans et au dehors; repos qui n'était troublé de temps à autre que par les menaces et les sourdes rumeurs des hommes de bouleversement. Aujourd'hui que ces hommes l'ont emporté en apparence, de quel œil les autres nations, autrefois nos alliées, nous regardent-elles? Au premier bruit de nos nouvelles discordes, elles se sont hâtées de prendre un aspect de guerre, augmentant leurs troupes, équipant leurs flottes, fortifiant leurs frontières, et restaurant leurs citadelles. Depuis lors, nous n'avons pas pas cessé d'être sur le qui-vive à leur égard, armant de notre côté pour nous maintenir sur la défensive. Malgré ce déploiement de forces imposantes, personne n'ose attaquer, parce que l'on comprend que le premier coup de fusil échangé entre la France et quelque autre grand peuple serait peut-être le signal d'un vaste incendie et d'une guerre d'extermination. Et néanmoins on semble comprendre aussi que l'attaque sera tôt ou tard inévitable d'un côté ou de l'autre. C'est pourquoi le gouvernement français, malgré ses continuelles promesses d'un désarmement prochain, ne peut s'y résoudre, attendu qu'il ouvrirait par là toutes les portes à ses ennemis, dont le nombre s'accroît chaque jour au dedans et au dehors. D'autre part, il faut bien qu'il promette d'en venir à ce désarmement, pour faire cesser cette incertitude de guerre ou de paix qui suffirait à elle seule pour ruiner le pays si elle devait se prolonger indéfiniment. Et l'on conçoit que, dans une telle position de nos affaires, jamais les nations voisines ne consentiront à déposer des armes que la prudence leur conseille si fort de garder au bras. Elles savent trop d'ailleurs notre goût pour la conquête; et, si elles en doutaient encore après tant de preuves que nous leur en avons données, les discours qui ont retenti à la tribune depuis trois ans, et qui ne manquent pas tout-à-fait de justesse, devraient leur persuader de se mettre en garde contre notre manie des combats, et de ne point abandonner leur attitude militaire. Voilà, pour le dire le plus brièvement possible, qu'elle est notre position par rapport au reste de l'Europe.

Pour relever notre gloire, nous vantera-t-on la démolition de la citadelle d'Anvers? Beau triomphe vraiment, qui n'a rien terminé, et dont il nous a fallu payer les frais, bien que, à vrai dire, il y eut quelque chose de plus utile pour nous que de nous immiscer dans la dispute hollando-belge! D'ailleurs ne sait-on pas que nous n'avons agi que par permission des quatre grandes puissances? et combien le protocole de Londres ne s'est-il point fait attendre! Nous ne nous montrâmes jamais plus humblement soumis : voyez donc comme le libéralisme doctrinaire agrandit les âmes ! Ne rappelons point non plus notre furtive invasion d'Ancône, à la date de 1832. Nos soldats ne savaient pas même où on les menait, tant nous avions honte de mettre à nu notre entreprise ! Ne parlons point non plus de nos obscures machinations d'Orient ; car j'ai grand peur, quand la vérité se sera fait jour, qu'il ne nous en revienne que du mépris auprès des autres nations, qui ont bien le droit de se rire de nos efforts pour n'enfanter rien qui vaille, et qui prennent goût à nous intimer leurs ordres.

De cette position douteuse où nous a placés la sanglante tragédie de 1830, il devait s'ensuivre un ébranlement soudain du crédit public ; c'est aussi ce qui est arrivé. Que si les actions de la Banque se sont peu à peu relevées au taux où nous les voyons aujourd'hui, la cause en est due à l'embarras des capitalistes pour faire valoir leur argent, et aux agiotages de certains financiers habiles à servir les vues de l'administration. Les nombreuses faillites qui ont eu lieu et l'engloutissement de quelques unes des plus hautes fortunes attestent combien a été violente la secousse qu'a reçue l'édifice social. L'activité industrielle a été comme mise à mort par la défiance subite qui s'est emparée des fauteurs du nouvel ordre de choses, autant que de ses adversaires. On a vu les fabriques interrompre la manipulation des marchandises ; les maisons de commerce cesser leurs commandes ; les capitalistes, redoutant la banqueroute, enfouir leur or ; le petit bourgeois, le rentier de l'état, voulant aussi faire quelques épargnes, en cas de besoin, ne plus songer aux hommes de la classe ouvrière, qui ont été les plus à plaindre de tous. Car il faut bien qu'ils vivent, eux aussi ; et comment vivront-ils, si vous leur refusez le travail nécessaire pour gagner le morceau de pain qu'ils arrosent ordinairement de leurs larmes et de leurs sueurs, ou, ce qui est plus injuste encore, si vous leur déniez le prix dû à leurs travaux ? A grand' peine se fait-il des transactions entre amis, tant la défiance est grande, et tant chacun redoute de compromettre le peu qui lui reste ! Que sait-on, en effet, où l'on ira ? Il n'y a rien de sûr, rien de stable ; attendons ! c'est en ce moment la pensée de tous les Français, des libéraux comme des royalistes. En attendant, on se retranche sur tout ; on ne fait de dépenses que ce qu'il en faut pour subvenir aux besoins les plus pressants de la nature et du luxe. Non pas, sachez-le bien, que l'on s'épargne pour s'entr'aider mutuellement; c'est une manie inconnue à la société qu'a formée l'école de la philautropie. Tant s'en faut! on fait disparaître son argent par prudence; on prélève même un impôt, dans les temps de disette, sur les vivres de première nécessité dont on fait commerce, à défaut d'autre, et que l'on vend bien cher au peuple, afin de vivre soi-même du bénifice jusqu'à un temps meilleur. C'est un moyen de ne pas porter atteinte à sa fortune, que l'on a soustraite aux regards avides pour le faire valoir plus tard. Que n'aurions-nous point à dire de cet infâme trafic de l'espèce humaine, inconnu aux âges barbares, et qui était réservé au siècle d'extrême civilisation? Des hommes se vendent; d'autres hommes les achètent pour les revendre ensuite au plus offrant et dernier enchérisseur. Et puis, on médira de l'ignorance de nos pères qui n'avaient pas su se créer de si précieuses ressources! Après cela, ô ma patrie! enorgueillis-toi de tes lumières; regarde en pitié les autres peuples qui dorment du sommeil de la mort. Un jour ces peuples se réveilleront, et, en contemplant ta gloire, ils pâliront d'envie!

Mais pourquoi ce dépérissement de la fortune

publique ? pourquoi cet état de souffrance qui s'aggrave tous les jours, quoi qu'on fasse pour se le dissimuler, et qui se fait sentir depuis les derniers rangs jusqu'aux extrémités de l'échelle sociale? C'est que la France a été trompée dans ses espérances; c'est que les promesses qui lui furent faites à l'Hôtel-de-Ville n'ont été qu'un leurre ajouté à toutes les déceptions dont les sophistes n'ont cessé de l'endormir depuis si long-temps.

N'est-ce pas, en effet, chose plus que ridicule, que les mendataires de la démocratie de 1830 faisant, bientôt après la victoire du peuple, de l'aristocratie à outrance ? Pour se rire ainsi de la crédulité d'une nation que l'on dit être la plus civilisée du monde, il faut donc que l'on croie n'avoir plus rien à craindre d'elle. Mais ne vous y trompez pas; cette nation possède encore le bon sens, et c'est ce qui explique pourquoi, nonobstant les pompeuses harangues des honorables 221 et de leurs collègues, qui se sont tant applaudi d'avoir sauvé la France, et n'en continuent pas moins d'être inquiète et de se demander ce qu'elle deviendra.

La liberté ne coûtât-elle que le sang d'un seul homme, je pense, comme Rousseau, qu'elle serait trop chèrement achetée. Je crois encore, avec

Bossuet, que le gouvernement établi est, pour une nation, le meilleur des gouvernements possibles ; et, avec Voltaire, que la meilleure révolution ne vaudra jamais le pire des gouvernements constitués. L'expérience prouve d'ailleurs que ceux qui opèrent les révolutions des empires en recueillent rarement les fruits (1). Mais puisqu'on avait admis les principes, il ne fallait pas reculer devant les conséquences, sous peine d'être taxé d'une ignorance invincible, ou d'une corruption que ne saurait exprimer assez fortement notre langue. Eh bien donc ! qu'est devenu le principe de la souveraineté absolue du peuple, auquel est redevable de son existence le gouvernement qui nous régit ? Aurions-nous par hazard rebroussé tout à coup chemin, loin de suivre l'impulsion donnée au monde par le XVIIIe siècle, et la liberté ne serait-elle qu'un vain mot inventé pour couvrir le despotisme ? En quoi, je vous prie, le peuple exerce-t-il la souveraineté, qui, de votre aveu,

(1) Ceux qui donnent le branle à un estat, sont volontiers les premiers absorbés en sa ruine. Le fruict du trouble ne demeure guère à celui qui l'a esmeu : il bat et brouille l'eau pour d'autres pescheurs. — Montaigne, *Essais*, liv. 1er, chap. 22.

lui appartient de droit naturel? On a doublé le nombre des électeurs ; de sorte que, en somme, 200,000 contribuables à 200 francs commanderont, et le reste continuera d'obéir comme par le passé. Mais, que savons-nous? peut-être que le peuple souverain aurait tort d'en exiger davantage. C'est du moins l'avis de ceux qui assurent ne s'être chargés du pouvoir que pour son plus grand bien. Et puis, n'a-t-il pas le premier pas dans l'armée? n'a-t-il pas l'ordre de marcher au premier rappel contre les émeutes populaires, qui n'ont pas manqué depuis que le peuple a été proclamé *souverain*, et qui menacent incessamment le salut de la patrie. On ne saurait dire combien de fois déjà celle-ci a été sauvée depuis les trois jours de sa régénération. Pourquoi ne serait-on pas tenu de la sauver à toute heure, à tout moment? Au reste, que ce soit, tant qu'il vous plaira, chose honorable pour le peuple de se voir passer en revue tous les dimanches par quelque vétéran de l'empire, qui se rit sous cape du peu d'aptitude du *peuple-roi* à manier l'épée ou la lance ; je dis, moi, que c'est là un bien faible apanage de la royauté.

Est-il seulement question de l'affranchissement des communes, qui ont si bien le droit de connaître de leurs propres affaires, sauf la surveillance du pouvoir supérieur dans l'intérêt général, qui, même aux siècles appelés de barbarie et de despotisme, Louis-le-Gros, saint Louis, Philippe-le-Bel, l'ont reconnu et respecté? Jamais peut-être on ne redoubla de plus d'efforts pour centraliser l'administration de tout l'empire dans les bureaux d'un commis de ministre.

Il nous est loisible, après trois ans d'attente, de nous certifier à nous-mêmes si la conscience, l'enseignement et la presse, ont été affranchis de leurs entraves, et si nous jouissons enfin de ces libertés naturelles à l'homme, et qui sont tant revendiquées d'ailleurs comme une condition indispensable de l'ordre que doit voir naître notre époque.

Demandez à certains journaux ce qu'est la liberté stipulée en 1830. Depuis le règne de Bonaparte, je ne sache pas qu'ils aient été soumis à une mesure aussi sévère ni poursuivis avec tant d'acharnement.

Demandez encore aux parents vertueux ce que vaut cette étrange liberté, quand ils sont contraints de refuser à leurs enfants les avantages d'une éducation publique, attendu qu'il ne leur est pas permis de se décider pour les instituteurs qui méritent le plus leur confiance.

Enfin, demandez aux catholiques ce que vaut la cette liberté religieuse dont la charte nouvelle les a dotés. Le renversement de leurs croix, la spoliation de leurs temples, la profanation de leurs autels, les ministres de leur culte outragés en mille manières, et forcés de se travestir pour échapper aux poignards des assassins : voilà de quoi ils ont payé l'insultante protection qui leur avait été promise.

En dernière analyse, la religion catholique n'est plus celle de l'état, qui n'en reconnaît aucune, et qui cependant continue de salarier tous les cultes, sans doute afin d'avoir le droit de leur commander, et de hâter plus sûrement par là leur ruine. Une nouvelle dynastie a pris la place de l'ancienne. Aux ministres de la restauration en ont succédé d'autres, qui, à leur tour, ont favorisé leurs créatures aux dépens des hommes par qui étaient occupés les emplois sous le régime précédent. Tels sont les seuls résultats positifs des événements si graves en apparence, devant lesquels on s'est d'abord extasié d'admiration, et qui semblent aujourd'hui, n'avoir été ménagés que pour complaire aux goûts versatiles et changeants des Français. Du reste, les institutions sont parfaitement les mêmes. On s'est prononcé plus clairement sur l'athéisme de la loi ; voilà tout. Des promesses de juillet, il n'en faut plus parler. Cependant, il y aura des hommes qui viendront nous dire que la charte demeure à jamais une vérité ! et il y aura, chose bien plus étonnante, des hommes qui le croiront! Ah! si du moins il était permis à qui sait lier deux idées ensemble de se rire tout haut des espérances déçues du peuple-roi; *risum teneatis?* Mais la chose est trop sérieuse en elle-même pour y chercher des divertissements ; et tandis que tout un peuple souffre, et que, de son salut, dépend peut-être celui du monde entier, je n'aurai point la barbarie de me jouer de ses misères. Que ne puis-je plutôt mettre un terme aux douleurs qui l'accablent, et combler l'abîme sous ses pas!!!

Il est donc constant que rien n'est changé, que les noms et les personnes, du régime qui eut à combattre contre tant d'ennemis, et qui feignit de disparaître un moment pour calmer les antipathies, ce à quoi il s'en faut bien pourtant qu'il soit parvenu.

On conçoit, en outre, sans que je le répète, que ce régime n'est, non plus que sous la restauration, ni monarchique, ni aristocratique, ni démocratique ; que c'est encore un composé bizarre des trois formes; gouvernement mixte, dont les principes se combinent de despotisme et d'anarchie.

Mais ce gouvernement ayant amené déjà la commotion de juillet, pense-t-on qu'il sera plus tenable pour s'être retreinpé dans le sang de quelques milliers de citoyens? Ce serait prouver qu'on ignore entièrement l'histoire des anciennes républiques de la Grèce et de Rome. On a construit le nouvel édifice sur une terre volcanisée; croyez qu'on n'aura chaque jour que des ruines à réparer, jusqu'à ce que tout soit englouti sous la lave brûlante du cratère.

Tout chancelant que fut le trône élevé par la restauration, il s'appuyait sur un principe qui, bien que contesté par beaucoup, n'en paraissait pas moins inviolable aux yeux d'un très grand nombre, et peut-être qu'il influençait à certain degré ceux-là même qui le désavouaient. A l'aide de ce principe, l'opinion publique, du moins quant aux premiers temps de la restauration, respectait la personne du roi, et l'on pouvait voir en celui-ci un maître à qui l'on était tenu d'obéir de par Dieu. Que s'il ne se fut pas trouvé des hommes qui, exagérant les dangers de la doctrine du droit divin, s'efforcèrent d'en démontrer la fausseté, le trône serait encore debout, et on peut assurer que l'Europe vivrait en paix. Si même le trône sut se maintenir si long-temps contre l'action turbulente des révolutionnaires, c'est à l'influence qu'exerça ce même principe du droit divin qu'il en fut redevable.

Mais aujourd'hui que la nouvelle loi fondamentale de l'état a rejeté cette doctrine, comme mensongère et attentatoire à la liberté du peuple, qu'est-ce qui protégera contre ce peuple le gouvernement qui continue d'agir comme si la même doctrine était encore reconnue pour vraie? Sous le régime de la souveraineté nationale, il semble que le roi et l'état ne soient qu'un; et, comme aux jours de l'absolutisme, on dirait que les courtisans abondent pour persuader au prince, en lui montrant l'étendue de la France, que tout cela est de son domaine! L'état de siége décrété contre des provinces entières, au mépris de toutes les lois; les prisons et les bastilles où l'on vous retient captif sans forme de procès; les visites domicilières renouvelées à toute heure du jour et de la nuit; mille autres vexations inquisitoriales qui ont été exercées depuis trois ans avec une constance infatigable, nous avertissent assez du régime sous lequel nous vivons. Cependant le peuple est souverain. Vous-mêmes, qui le gouvernez actuellement, le lui avez dit ; qu'il est à craindre qu'il ne puisse plus l'oublier ! On pâlit de terreur en prévoyant le jour où éclatera sa colère. Car le peuple est patient par nature ; mais à la longue sa patience se lasse, et alors, semblable à ces torrents destructeurs qui emportent tout sur leur passage, il foule impunément aux pieds les droits les plus vénérables, et ne cherche plus son repos que parmi les ruines. Dans son aveuglement, il obéit à la moindre impulsion qui le porte au mal ; il se vend à qui l'achète, et, plus terrible que les hordes barbares, qui, au moyen âge, désolèrent l'Occident, on le voit déchirer le sein de sa propre patrie. Les effroyables excès de la fin du XVIIIe siècle ne nous disent-ils pas ce qu'on doit redouter des emportements de la nation française.

CHAPITRE IV.

Du droit divin et de la souveraineté du peuple.

Indignée d'avoir vu briser son pacte fondamental, la nation a changé la dynastie qui était en possession de régner sur elle depuis près de neuf siècles. En avait-elle le droit? Répondons sans détour.

Il y a des hommes qui croient à la souveraineté absolue du peuple, prétendant que c'est en lui qu'est la source de tout pouvoir, et nulle part ailleurs. Mais c'est créer une société athée ; c'est bâtir dans les airs.

Il y a d'autres hommes qui croient au droit divin positif et sans restriction, prétendant que les peuples sont tenus d'obéir même aux tyrans les plus féroces, par la raison, disent-ils, que ceux-ci tiennent leur autorité de Dieu, et qu'ils ne relèvent que de lui seul. C'est une autre erreur non moins révoltante que la première, quoique peut-être elle ne soit pas aussi funeste dans les résultats.

Enfin, quelques publicites se piquent de ne croire ni à la souveraineté du peuple, ni au droit divin. Ceux-là sont-ils plus sages ? Point ne le pense : car c'est se jeter dans un autre abîme, et remettre éternellement la société en problême ; c'est ne rien édifier. Un pareil septicisme en politique n'est guère plus supportable que le septicisme religieux.

Voulez-vous trancher le nœud gordien de la grande question sociale ? Hâtez-vous d'admettre la vérité des deux principes, qui sont unis ensemble par une connexion intime et naturelle. Dans cette hypothèse, la société s'explique ; hors de là ce ne sont plus que faux systèmes, frivoles utopies, qui entraînent toujours aux bouleversements. Ces deux principes du droit divin et de la souveraineté populaire se prêtent un mutuel secours, et ils ne peuvent absolument se passer l'un de l'autre.

Que Dieu soit l'auteur de la société, il n'y a que les fous qui le nient. Mais s'il en est l'auteur, il en est aussi le conservateur. Or, Dieu qui a fait les hommes sociables (1) a dû les unir entre eux par une loi qui fut inhérente à leur nature, et, sans elle, nulle société ne serait possible. Jamais, dit Voltaire, il n'y aurait eu de société dans le monde si les hommes n'avaient conçu quelque justice, qui est le lien de la so-

(1) Cette proposition est évidente pour quiconque a réfléchi sur la nature de l'homme. — Voltaire, dans son introduction à l'*Essai sur les mœurs et l'esprit des nations*, et Montesquieu, au deuxième chapitre de l'*Esprit des lois*, soutiennent que l'état de société est naturel au genre humain. — « On ne peut douter, dit Rousseau, que l'homme ne soit sociable par sa nature, ou du moins fait pour le devenir. » *Emile*, tom. III, p. 112. — Hobbes prétendait que l'homme n'était pas fait pour la société, et qu'il y a été seulement forcé par la nécessité et par la méchanceté de ceux de son espèce. Mais il ne considérait point que les meilleurs hommes, exempts de toute méchanceté, s'uniront pour mieux obtenir leur but, comme les oiseaux s'attroupent pour mieux voyager en compagnie. — *Pensées de Leibnitz*.

ciété (1). Cette loi primitive, pour être obligatoire, doit émaner de Dieu, suprême législateur, dans la volonté de qui elle trouve sa sanction; et c'est ainsi qu'elle devient le fondement de tout contrat stipulé dans les sociétés politiques et particulières. Les lois positives doivent s'appuyer sur cette base inébranlable pour qu'elles aient à leur tour force obligatoire; autrement, je ne sache pas que les hommes fussent tenus de s'y soumettre dès là que leur soumission nuirait à leurs intérêts privés, ce qui arrive à cause du sacrifice que la constitution de l'état exige parfois du bien-être de l'individu en faveur du bien public (2).

Les institutions politiques qui n'auraient pas pour fondement la loi naturelle, dont Dieu est

(1) *OEuvres complètes de Voltaire*, tom. 40, p. 158.

(2) Nous pouvons appliquer ici ce que Leibnitz a dit en parlant de l'immortalité de l'âme : « Pourquoi, si l'âme n'est pas immortelle, s'exposerait-on à perdre ses biens, ses honneurs ou sa vie même, en faveur des personnes qui nous sont chères, ou pour le bien de l'état, ou pour le maintien du droit et de la justice, lorsqu'on pourrait vivre dans les honneurs et dans l'opulence aux dépens de la prospérité d'autrui. — *Pensées sur la fin, l'objet et la cause du droit naturel.*

l'auteur, seraient dès lors oppressives pour l'individu, qui, dans ce système de coaction, n'apperçoit plus la raison de l'obéissance, et qui sent, au contraire, qu'il a droit de sacrifier le bien public à sa cupidité. Car, de tous les droits naturels, le plus juste sera toujours sans contredit celui qui appartient à chacun de veiller à la conservation et à la félicité de son être. Et cela est vrai dans toutes les suppositions possibles.

Ainsi l'ordre social, qui a pour objet le bien permanent de l'espèce humaine, s'appuie sur des rapports essentiels et indestructibles qui existent entre les hommes. Principe de toutes les institutions libres et arbitraires, il n'est lui-même commandé que par la nature. C'est en lui que les droits, l'existence, la propriété, le bonheur de la génération présente et de toutes les générations à naître trouvent leur garantie. Il est nécessaire à la conservation du genre humain ; il a sa source dans la constitution de notre être, et il ne peut finir qu'avec elle (1).

Il faut donc reconnaître, avec les théologiens, que le droit divin est en ce sens la base de toute

(1) Portalis, *De l'usage et de l'abus de l'esprit philosoph.* t. II, chap 38.

société. C'est ainsi que l'Écriture affirme que toute puissance vient de Dieu (1); et même, hors de ce principe, il ne peut exister de pouvoir légitime. Toute autorité qui s'appuierait sur un autre fondement ne serait que le droit du plus fort; droit monstrueux, qui constitue le genre humain dans un état de guerre perpétuelle, et réalise à la fois la double opinion de Hobbes et de Machiavel, qui prétendaient, le premier que les hommes ne peuvent vivre ensemble sans se tromper, et l'autre qu'ils sont nés pour se battre et s'entre-détruire.

D'où il appert clairement que les doctrines athées ne sont propres qu'à opérer la dissolution de toute société, et à isoler les hommes entre eux; isolement qui se termine par la mort de l'individu.

D'autre part, la saine philosophie et la religion sont d'accord pour démontrer en même temps que Dieu n'est la source de tout pouvoir que comme créateur et conservateur de l'ordre social, comme premier moteur des causes secondes, c'est-à-dire comme étant l'être par essence

(1) S. Paul, *Epit. aux Rom.* chap. 13. — S. Pierre, épit. 1, chap. 2.

et la cause première de tout ce qui est (1). Du reste, les sociétés politiques et civiles sont par elles-mêmes des établissements purement humains. Les contrats ordinaires stipulés dans les sociétés privées ne sont pas plus éternels que les sociétés elles-mêmes, que l'on peut former à volonté et dissoudre comme on les forme. Les contrats, dit M. de Portalis, ne se rapportent qu'à des intérêts momentanés et variables. Ils n'ont lieu qu'entre de simples individus qui ne font que passer sur la terre, et à qui, pour leur propre bien-être, il est permis de changer de résolution et de volonté toutes les fois qu'ils le peuvent sans injustice et sans nuire à un tiers (2).

On ne suppose pas de société sans gouvernement; car dès que, dans une société quelconque, le gouvernement est détruit, l'anarchie et la confusion succèdent aussitôt. Un vieil écrivain français a dit avec beaucoup de jugement dans son naïf langage : «L'état, ou le gouvernement, est le lien de la société qui ne pourrait autrement

(1) Puffendorf, *Droit de la nature et des gens*, tom. II, liv. 7, chap. 2.

(2) *De l'usage et de l'abus de l'esprit philosoph.*, t. II, chap. 28.

subsister ; c'est l'esprit vital qui fait respirer tant de milliers d'hommes et toute la nature des choses (1). »

De plus, tout gouvernement, quelle que soit sa forme, suppose une souveraineté, c'est-à-dire un pouvoir suprême chargé de veiller au salut commun.

Or, n'est-il pas vrai que le peuple est à la fois le principe et la fin du gouvernement ? Quand est-ce, en effet, que l'on donna des lois à un peuple sans sa volonté, ou du moins sans son concours ? Il peut arriver, sans doute, qu'il ne donne pas le premier être à ses institutions et à ses lois ; mais il est évident que c'est lui qui les consacre et les maintient par son adoption, au moins tacite. C'est toujours l'opinion publique qui prépare, modifie et abroge à la fin les travaux des législateurs ; et ceux-ci sont eux-mêmes entraînés par cette puissance irrésistible.

Si donc le peuple n'est point le principe de la souveraineté, comme on l'a vu au commencement de ce chapitre, on ne peut s'empêcher toutefois de reconnaître que c'est par lui qu'elle est transmise au gouvernement, dont il est le principe et la fin.

(1) Charron, *De la sagesse*, liv. 1, chap. 44.

C'est donc à la collection des hommes qui com. posent les sociétés particulières qu'appartient naturellement le droit de déférer le pouvoir à tel gouvernement qu'il leur plaira d'établir parmi eux pour protéger les intérêts généraux contre les passions individuelles; et c'est en ce sens seulement que le peuple est souverain. Car, observe excellemment M. de Portalis, si c'est Dieu lui-même qui a établi les lois de la nature et posé les fondements de l'ordre social, la main du créateur se repose, et laisse agir les causes secondes après avoir donné le mouvement et la vie à tout ce qui existe. Il serait absurde de chercher hors de l'homme et hors de la société, c'est-à-dire hors des lois générales qui régissent l'Univers moral, le principe des institutions inhérentes à l'établissement des sociétés politiques et civiles(1).

Ainsi, ne craignons pas de le dire, il est faux que les rois ne relèvent que de Dieu, et qu'ils peuvent commander en souverains maîtres, sans rendre jamais aucun compte aux peuples, par qui d'ailleurs ils ont été primitivement établis en puissance.

(1) *De l'usage et de l'abus de l'esprit philosoph.*, t. II, chap. 28.

A moins qu'il n'en soit, comme le dit le bon duc de Bourgogne, *que les royaumes appartiennent de droit à ceux qui les peuvent avoir par force d'armes ou autrement* (1), il n'y a pour un roi que deux moyens légitimes de parvenir au trône, savoir, l'élection et l'héridité ; et même le premier est sans contredit le fondement du second.

Prétendre que les rois sont les propriétaires-nés des peuples est le comble de la folie. Cette doctrine érige en principe inviolable le despotisme le plus absolu des souverains, et, de tous les sujets d'un même empire, elle ne fait qu'un vil troupeau d'esclaves, qui, dans cet état d'abjection où les mauvais princes ont intérêt de les maintenir, renoncent à la plus belle prérogative de leur nature. Un philosophe chrétien sur le trône ferait, je n'en doute pas, le bonheur de son peuple ; mais pour un Louis IX, combien de Louis XI !

S'il était vrai que Dieu destinât exclusivement telle famille à gouverner tel peuple pour toujours, il faudrait supposer aussi qu'il donne à chacun des membres de cette famille appelés à monter sur le trône les vertus et les qualités nécessaires dans

(1) Brantome, *Hom. illust. franç.*, t. VIII des Œuvres.

le chef d'une nation ; car Dieu est la justice par essence, et il ne peut vouloir que l'ordre. Cette famille devrait encore se faire reconnaître à des traits caractéristiques et distincts, sans quoi les peuples seraient toujours exposés à prendre le change.

C'est bien là, de reste, une vaine dispute, puisque, si on en excepte le peuple juif et ce qui est rapporté dans l'Écriture de l'autorité que Dieu a véritablement exercée lui même sur les hommes au commencement du monde (1), l'histoire ne fait mention d'aucun autre peuple dont les magistrats ou les chefs aient immédiatement reçu du ciel l'importante mission de commander à leurs semblables.

Ces propositions sont assez simples, je pense, pour être comprises de tout le monde. Et l'on doit conclure que s'il n'y a que des hommes aveuglés par la plus profonde corruption qui aient pu enseigner aux peuples à secouer toute règle d'obéissance, sous prétexte que toute autorité souveraine n'émanait que d'eux seuls ; d'autre part, il n'y a que de serviles courtisans qui puissent avancer que les ordonnances des rois forment le

(1) Bossuet, *Politique sacrée*, l. II, art. 1, propos. 2.

droit commun du royaume, tandis qu'il est incontestable, dit Dumoulin (1), que le droit commun du royaume n'existe et ne peut exister que dans les coutumes générales, qui sont le dépôt des usages adoptés par la nation entière.

Dumoulin n'est pas le seul jurisconsulte qui ait tenu ce langage. Sous Henri IV, l'avocat-général Servin soutenait que l'autorité des princes n'est point absolue, qu'elle est limitée par la loi, et qu'ils l'exercent dans l'intérêt des peuples.

Cette théorie était encore un fait dans l'ancien gouvernement de France, puisque, selon Machiavel (2), ce gouvernement était, de sa connaissance, le plus tempéré par les lois. Le royaume de France, dit ailleurs ce maître fameux d'une politique criminelle, est heureux et tranquille, parce que le roi est soumis à une infinité de lois qui sont la sûreté des peuples (3).

Il est vrai que les jurisconsultes qui vinrent après ont enseigné que les coutumes n'avaient de force que par la tolérance des rois, ce qui établit ostensiblement le principe de l'absolutisme. Il est

(1) *Coutumes de Paris*.

(2) Disc. liv. 1, chap. 58.

(3) Disc. liv. 1, chap. 17.

vrai encore que, sous Louis XV, un autre avocat-général faisait brûler, au parlement de Provence, une brochure qui retraçait les mêmes maximes de Dumoulin et de Servin, en criant à la sédition et au blasphême. Mais il y avait certainement de la flatterie dans ces derniers fauteurs du pouvoir absolu des rois.

Rien ne prouve mieux, d'ailleurs, l'excellence des théories que leur concordance avec les faits. Or, nous sommons les partisans du droit divin positif de nous dire si les premiers rois établis sur les peuples le furent d'autre manière que par le consentement exprès ou tacite de ces mêmes peuples.

Selon eux, l'autorité souveraine une fois acquise à une famille serait-elle inaliénable? Mais alors, s'il est permis d'emprunter le premier exemple à notre histoire, que leur semble de l'avénement au trône de Pépin-le-Bref, qui usurpa la couronne à Childéric III et à Thiéri, son fils unique, derniers rejetons de la race mérovingienne? Cependant Pépin fut proclamé roi de France à Soissons, en 753, dans l'Assemblée des états-généraux de la nation. Il fut même secondé, dans cette grande entreprise, d'abord par le pape Zacharie, ensuite par saint Boniface, archevêque de Mayence, et enfin par le pape Étienne III, qui lui conféra de nouveau l'onction sainte dans l'église de Saint-Denis.

Le pouvoir était-il redevenu inaliénable dans la seconde race de nos rois ? En effet, si l'on considère les grandes actions qui ont illustré la vie politique d'un Charlemagne, comment ne pas croire que cette autre famille était appelée à régner sur la France ? Il advient pourtant qu'elle fut privée de la puissance, à son tour, dans la personne de Charles, duc de Lorraine, qui avait seul droit à la couronne, comme fils de Louis-d'Outre-mer et oncle du dernier roi, Louis V. Il est remarquable que la nation qui avait des griefs à reprocher au duc de Lorraine, se réunit alors en faveur de Huges-Capet. Depuis ce temps, c'est-à-dire depuis l'an 987, les Capétiens ont toujours régné sur la France ; mais cette troisième race a vu aussi s'élever des différents à propos de la succession au trône, qui furent encore terminés par le peuple. Voyez l'avénement de Philippe-de-Valois et celui de Henri IV.

Après l'abandon que Jacques II fit de ses états, en 1688, le parlement britannique, au nom de la nation, proclama les droits du prince d'Orange au trône d'Angleterre.

A la mort de la reine Anne, en 1714, ce fut le même parlement qui appela la maison de Hanovre à la succession au trône.

Les états généraux du Portugal ne jugèrent-ils pas, en 1828, la grande querelle européenne au sujet du prince qui régnait dernièrement sur ce pays? Cette décision du peuple portugais aurait bien dû, pour le dire en passant, mettre fin à toutes les séditieuses déclamations du libéralisme, qui s'honore de ne point reconnaître d'autre principe, en politique, que la souveraineté du peuple.

A l'appui de la doctrine que je défends, j'ai interrogé préférablement l'histoire du moyen âge et des temps modernes, parce que j'ai su que les exemples fournis par elle seraient plus concluants. Les annales de l'antiquité nous en fourniraient bien d'autres, qui prouvent que, même dans les monarchies, ce fut toujours le peuple qui prononça, en dernier appel, sur les cas difficiles qui survenaient dans le gouvernement. Les républiques de la Grèce, de Carthage et de Rome, attestent que les nations éclairées se sont toujours crues un droit de statuer sur telle ou telle forme de gouvernement à établir chez elles, et d'intervenir dans les affaires politiques lorsqu'elles craignaient pour leur repos, leur prospérité, ou leur honneur.

Au reste, il ne s'ensuit nullement, de cette sorte de souveraineté populaire que je viens de définir, que chaque individu possède en soi une portion du pouvoir suprême, et qui a droit en conséquence de porter atteinte à l'ordre légitimement établi par la nation. Car, s'il en était ainsi, l'insurrection serait, comme l'ont avancé quelques philosophes démagogues, le plus saint des devoirs; et dès lors où serait pour la société la garantie d'une seule heure de repos?

Je dis, au contraire, que chaque citoyen d'un même empire est tenu, de par l'ordre de Dieu, de se soumettre au gouvernement institué par le peuple, dont la voix, en pareil cas, est celle de Dieu même; *vox populi, vox Dei!* Et cela explique cette recommandation si souvent rappelée dans les saintes Écritures, que tout homme doit être soumis aux puissances supérieures; et ces paroles du Christ : Rendez à César ce qui est à César! paroles que les écrivains religieux et politiques ont torturées en mille manières, pour leur faire signifier toutes choses diverses, selon qu'ils voulaient défendre tel ou tel système, telle ou telle coterie.

Observons que l'intelligence de ces mots remarquables du Sauveur du monde était réservée à l'Église catholique, à cette société sainte qui a seule le dépôt de la vraie doctrine, et qui ne peut se tromper dans la distinction essentielle des droits et des devoirs, non plus que dans les moyens qu'elle emploie pour conduire les hommes au bonheur. Aussi était-elle appelée à réaliser la plus belle et la plus satisfaisante de toutes les théories sociales. Il faut bien le dire à la honte de ces hommes qui n'affectent tant de mépris pour elle que parce qu'ils ne comprennent rien à ses sublimes destinées. Voyez-la conduire les monarchies du moyen âge formées par ses soins. Quel admirable chef-d'œuvre de politique! Unis ensemble par les liens d'un système de fraternité qui embrasse tous les temps et tous les lieux, les hommes s'entendent à faire le sacrifice d'une partie de leurs intérêts privés dans l'intérêt général. La servitude disparaît pour toujours de la terre: tous les hommes sont égaux devant Dieu et devant la loi, qui n'est que l'expression de la justice éternelle. Les sociétés particulières se reconstituent; un pouvoir tout parternel est établi sur les hommes qui y consentent pour le maintien du droit du plus faible contre le plus fort, du juste contre le méchant. Ce pouvoir, ou plutôt la personne investie de ce pouvoir, est, au même titre que le plus humble sujet, soumise à la loi qu'elle est chargée de défendre, mais qu'elle n'a point faite. Arrive-t-il que le souverain méconnaît sa mission et ses devoirs, qu'il opprime les peuples dont il était le père par vocation ; alors il est justiciable au tribunal infaillible institué immédiatement en terre par Dieu même, de qui relèvent les rois et les peuples. Ceux-ci, au contraire, oublient-ils le respect qui est dû au pouvoir établi pour le bien et pour la défense commune, le même tribunal les juge et les condamne, et c'est ainsi que sans secousses et sans révolutions se maintiennent l'ordre et l'harmonie dans le monde politique. C'est ainsi que les peuples obtiennent une garantie sûre contre le despotisme arbitraire des rois, et ceux-ci contre la turbulence des peuples. Ordre merveilleux que rêvèrent les Lycurgue, les Solon, les Numa-Pompilius, en faisant de la religion la base de leurs républiques, mais qui n'exista de fait que dans les monarchies chrétiennes fondées par les papes !

Que si ce système politique est resté imparfait, il n'en faut accuser que certains hommes d'une incomparable audace qui vinrent en arrêter le magnifique développement par les coups qu'ils portèrent aux pouvoirs religieux et politique.

Les villes et les hommes ne seront délivrés de leurs maux, dit Platon, que lorsque, par une protection particulière des dieux, la souveraine puissance et la philosophie, c'est-à-dire une sagesse instruite et éclairée, se trouvant réunies dans un même homme, rendront la vertu victorieuse du vice. Il s'en est peu fallu, sans doute, que les règnes de Charlemagne et de saint Louis ne servissent de preuve et d'exemple à cette belle maxime de Platon, et ces deux grands monarques avait été formés à l'école de la religion chrétienne.

Toutefois, autres temps, autres mœurs! Les choses sont assurément bien changées; et il s'en faut beaucoup, sans doute, que l'Église exerce aujourd'hui en Europe la même influence qu'elle y exerçait, par exemple, sous le pontificat de Grégoire VII. C'est que sa position, par rapport aux gouvernements, n'est plus du tout la même. Alors, l'État était dans l'Église; aujourd'hui, c'est l'Église qui est dans l'État. Il approche le jour où elle n'obtiendra plus que protection de la part des gouvernements, et ce jour sera celui de sa délivrance; car depuis long-temps elle gémit sous le poids des chaînes d'or que lui ont imposées les princes de la terre.

Après une lutte qui a coûté tant de larmes à l'Église pour opérer sa séparation d'avec l'État, il est permis de conjecturer que le moment de cette séparation est venu enfin, et l'on doit comprendre que la société se retrouve dès lors dans la même position où elle était avant que le christianisme eut pénétré dans la politique pour lui servir de base.

On ne contestera pas qu'alors la souveraineté populaire fût quelque chose de réel; et quand même on en douterait, encore une fois l'histoire est là qui témoigne que, dans ces temps anciens, c'était au peuple qu'appartenait le droit d'élever et de renverser les trônes. Je le répète, même dans les monarchies, le peuple jugeait en dernier ressort des différents pour lesquels les souverains avouaient leur incompétence. Denys-d'Halycarnasse rapporte qu'à Rome le roi Servius-Tullius s'abstint de prononcer sur l'affaire d'Horace, meurtrier de sa sœur, et qu'il renvoya le coupable au jugement de la nation.

Nous pouvons donc raisonner aujourd'hui en politique comme si celle-ci n'avait rien de commun avec la religion chrétienne, et croire que notre position sociale est exactement la même que celle où se trouvaient les anciennes sociétés avant que cette religion ne s'y fût introduite, et eût importé au milieu d'elle son esprit de paix et de charité. Le droit naturel, qui est encore le droit divin, est redevenu le nôtre : que si l'on veut s'en tenir à celui-là, il sera compris de tous les hommes, en même temps qu'il peut satisfaire à tous les besoins présents. C'est cette dernière pensée qui m'a éclairé moi-même dans la discussion plus délicate que difficile du droit divin et de la souveraineté nationale.

Fort que je suis du témoignage de ma conscience, qui s'appuie d'ailleurs sur l'autorité de la raison humaine, je ne crains donc pas de conclure que le peuple français a pu, en 1830, intervertir l'ordre de succession au trône, ou plutôt changer la dynastie régnante.

Mais fut-il sage de le faire?

Je n'ai garde de partager, à cet égard, l'avis de certains publicites, qui pensent que cette démarche extrême était indispensable au repos du pays.

Derrière cette antique famille de rois exilés, que poursuivait une haîne aveugle et implacable, restait un enfant nourri dans l'infortune, et qui du moins était innocent du crime imputé à son aïeul. Les grâces naïves de son âge, les vertus et les longues douleurs de son auguste mère, tout le recommandait à l'amour des Français.

Il y a plus. Sans se donner l'embarras d'un nouveau choix, il importait expressément au bonheur de la France que l'on posât la couronne sur la tête de ce roi pupille; et, faut-il le dire? ce parti était le seul que la prudence conseillait de prendre après l'abdication du dernier roi et de son fils le duc d'Angoulême. On aurait maintenu, de cette manière, le principe de la légitimité; et ce principe, tout contestable qu'il puisse être en théorie, aurait à lui seul sauvé l'ordre public qu'environnaient tant de dangers.

Je suis loin de refuser à Louis-Philippe les vertus privées qu'on lui reconnaît; mais il lui manquait la première condition pour régner, je veux dire qu'il était inhabile à inspirer de la confiance à tous les partis.

Par l'avénement de Henri V à la couronne, on eut vu renaître tout à coup le calme un moment troublé, à cause des espérances qui auraient été comme les prémices de ce nouveau règne. Pour ne parler que des intérêts les plus sensibles, on n'aurait pas été obligé de faire au commerce un prêt de 30,000,000 de francs, qui ne l'ont pas empêché d'aller en s'affaiblissant chaque jour; d'aliéner pour 200,000,000 de francs de bois de l'état; de doubler l'impôt foncier et celui des patentes; de prélever l'impôt personnel sur des misérables qui n'ont pas même de pain; de voter à tous moments des crédits supplémentaires; d'allouer 1,500,000 francs à la police secrète, qui, dit-on, ne peut plus se passer d'une clef d'or pour ses opérations ténébreuses.

On n'aurait pas été contraint non plus de métamorphoser tous les citoyens en autant de soldats pour les exposer à l'ennemi en cas d'invasion étrangère. A l'aide d'une régence ferme et éclairée, on aurait donné au pays toutes les libertés que réclament les besoins de l'époque, en ayant soin, toutefois, de ne pas confondre ces libertés avec la licence, qui n'est que l'extrême servitude. Enfin vous eussiez vu la révolution forcée de mettre bas les armes, parce que dès lors personne n'aurait plus eu droit de se plaindre.

Mais cette conduite si conforme à la sagesse, et qui aurait incontestablement sauvé le pays et l'Europe, les politiques nouveaux refusèrent de la suivre par haîne pour la vieille monarchie.

Qu'en est-il résulté ? On l'a vu dans le troisième chapitre de cet ouvrage.

D'ailleurs, l'élection du souverain que l'on a élevé sur le pavois en 1830, peut-on dire qu'elle ait véritablement exprimé le vœu de la majorité des Français ? Si cela était, comment se rendre compte de l'ennui, de l'inquiétude et du malaise qui nous dévorent ? Pourquoi donc ne pas reprendre le train de nos affaires habituelles ? Que pouvons-nous attendre de plus, ou que craignons-nous ? Ne voyez-vous pas plutôt que cette élection fut exclusivement l'œuvre des honorables 221, à qui, certes, leurs commettants n'avaient pas confié le soin de changer la dynastie, non plus que d'abolir la charte de 1814 ? Pourquoi encore s'être tant hâté d'agir ? Ne pouvait-on pas autrement se mettre à l'abri de l'anarchie qui était imminente ? Il fallait instituer un gouvernement provisoire en bonnes formes, par lequel on eut comprimé les factieux ; et, au moyen d'une nouvelle loi électorale, qui, par l'abolition du cens, aurait compris tous les Français âgés de trente ans au moins, en appeler à l'opinion publique. Les députés sortis de ces élections générales auraient été les organes légitimes de la volonté du peuple en cette occurence décisive.

Encore une fois, pourquoi s'être tant hâté d'agir ? A cet égard, les Belges ont été nos maîtres. Ce n'est pas assurément que j'aie tentation de les féliciter de leur choix ; monarque pour monarque, Guillaume valait bien, ce semble, Léopold de Saxe-Cobourg, qui, d'ailleurs, leur a été imposé par le cabinet de Saint-James. Toujours est-il que nous leur devons des éloges pour s'être donné le temps de réfléchir ; et ce n'est peut-être point leur faute s'ils n'ont pas été plus heureux. Ils ont du moins prouvé qu'ils souhaitaient de bâtir solidement ; plus prudents que nous, qui avons achevé la besogne en trois jours, de manière qu'on croirait que tout était préparé d'avance.

CHAPITRE V.

Conjectures sur l'avenir de la société.

Jamais siècle ne fut plus questionneur que le nôtre. Et aussi quand toutes les vérités qui importent le plus au bonheur de l'homme sont révoquées en doute, et que les premiers principes sur lesquels repose l'ordre social sont remis en problême, doit-on s'étonner de voir grossir chaque jour le nombre des curieux qui se pressent pour apprendre ce qu'ils doivent croire, et mettre fin à leurs cruelles incertitudes? On dirait que le monde n'en est encore qu'à son berceau, et que les hommes, tristes enfants du hazard, se travaillent pour inventer ce qui donne la vie et ce qui donne la mort. La vérité et l'erreur, le bien et le mal, tout est soumis à la raison philosophique de notre époque, qui ne tient nul compte du jugement qu'en ont porté les âges précédents. Déplorable aveu! mais dont la dissimulation ne profiterait à rien.

Après le tableau trop fidèle que j'ai esquissé de notre position présente, il est permis de demander ce que nous devons conclure pour notre avenir. Aussi bien je me propose d'aborder cette nouvelle question, encore que je ne me dissimule pas que ce serait témérité à l'homme de prétendre la résoudre de manière dogmatique et absolue. En fait d'avenir, nous en serons toujours réduits aux conjectures, et ce n'est peut-être pas un des moindres bienfaits de la Providence que cette incertitude dans laquelle nous vivons la veille du sort que nous réserve le lendemain; mais, sous ce rapport, il est digne de l'intelligence humaine de combiner entre elles toutes les probabilités.

Il y a des gens qui, fiers de leur ouvrage, et croyant avoir bâti le nouvel édifice sur la pierre dure, se bercent de l'espoir que l'ordre qui a été si violemment compromis en juillet 1830 se rétablira de lui-même, pourvu qu'on laisse faire. Mais les mêmes causes doivent toujours reproduire les mêmes effets; et, au grand regret de ces hommes qui auraient tant besoin aujourd'hui de repos, l'avenir est gros d'événements qui doivent tôt ou tard troubler quelque peu le sommeil de ces mêmes hommes. Ils ne l'ignorent pas, ceux qui déjà osent en concevoir d'horribles espérances, accoutumés qu'ils sont à se nourrir de bouleversements, seule pâture digne d'eux.

Depuis qu'elle s'est mise en dehors de l'ordre, la société a été ébranlée par sa base; et, aujourd'hui, elle chancelle de toutes parts, de sorte que nul ne manifestera de l'étonnement à la nouvelle de sa chute, si ce n'est ceux pour qui tout va bien aussi long-temps qu'il peuvent se gorger de richesses, d'honneurs et de plaisirs. Mais tout homme sage ne peut plus ne point se demander avec inquiétude ce que deviendra donc le monde, et quelle force est celle qui le pousse si activement, qu'il est impossible qu'il n'arrive pas et bien vîte à un point fixe où il devra périr, ou bien se régénérer de nouveau pour continuer ses destinées?

Il est évident, en effet, que la maladie qui travaille la France est contagieuse, et que, dans peu, elle aura gagné le reste du monde. Les événements de juillet en font foi; ils ont retenti par toute l'Europe, et le canon de Paris a trouvé de l'écho dans presque toutes les capitales. Voyez la Belgique, la Pologne, l'Irlande, et l'Angleterre elle-même, malgré l'excellence prétendue de sa constitution. Voyez encore l'Italie et les états de la Confédération germanique; n'ont-ils pas été tout à coup agités d'un grand trouble? Et si ces mouvements partiels, qui ont eu lieu déjà, n'avaient pas été aussitôt comprimés par la force jointe à une politique obscure et méticuleuse, l'explosion aurait été universelle, et peut-être qu'aujourd'hui même la face du monde serait changée. L'étendart de l'indépendance, arboré sur le donjon des Tuileries, a comme annoncé au monde que le temps était venu d'une révolution générale, dans laquelle il devait se renouveler.

Les Français exercent en Europe une grande influence que leur assure leur supériorité dans bien des genres. Ce qui le prouve, c'est l'envie que leur ont toujours portée les autres nations, lors même qu'elles semblaient affecter le plus de mépris pour eux. Sous ce rapport, l'Angleterre se distingue entre toutes, et l'histoire de sa longue rivalité avec la France n'est qu'un monument qui atteste combien elle a toujours été jalouse des avantages qu'a sur elle cette dernière. La langue française est devenue l'idiôme classique du monde civilisé, et partout il entre dans le plan d'une bonne éducation d'étudier cette langue, qui mérite si bien, il faut le dire, l'honneur qu'on lui rend, à cause des nombreux et inimitables chefs-d'œuvre qu'elle a produits. Il n'est pas jusqu'à nos modes et nos manières qu'on ne se pique de copier, et on dirait que nous sommes appelés à donner le ton à la grande famille européenne. Cette servile imitation est dégénérée en forme de culte idolâtrique; car on a copié même nos vices, même nos crimes. Depuis quarante ans, voyez si l'Europe a joui d'une seule heure de calme qu'elle n'ait pas due à la lassitude enfantée chez nous par nos continuelles discordes.

De cette sorte de magistrature souveraine que la France exerce incontestablement sur le reste de l'Europe, rien n'empêche de conclure qu'elle est appelée par la Providence qui gouverne tous les mondes à remplir une mission de vie ou de mort pour les autres peuples. C'est de ce pays, si fameux par ses grandes vertus et ces grands crimes, que doivent partir le bien ou le mal, la lumière ou les ténèbres, pour rajeunir la terre ou hâter sa fin.

De l'avenir de la France dépend donc l'avenir de l'Europe, et par conséquent celui du monde, puisqu'on ne peut nier que l'Europe ne soit par rapport à la terre, à cause de la civilisation dont elle est le centre, ce que la France est elle-même par rapport à cette partie si importante du globe. L'esprit qui couvre aujourd'hui la Péninsule de deuil et de désolation, cet esprit qui a fait couler tant de sang dans la Grèce, qui a bouleversé déjà la plus grande partie du sol américain, et qui fait trembler en ce moment sur leurs trônes tous les rois absolus, confirme bien cette assertion prophétique.

Ainsi, par la nature même des choses, et à l'aide seulement des inductions qui en découlent, nous sommes contraints de déconcerter les timides espérances de ceux qui se flattaient de jouir en paix de l'œuvre de leurs mains, en leur annonçant que tout n'est pas fini, bien qu'ils aient doté la France de la monarchie du 7 août. Non, tout n'est pas fini ; car jamais, au contraire, le monde ne fut placé dans un état plus réel de passage qu'il ne l'est à ce moment. On croirait même, à en juger par les apparances, que, lancé sur le penchant de l'abîme, il est impossible à toute puissance humaine de l'arrêter dans sa marche, plus encore de le faire retrogader. C'est là, je le veux, une pensée bien noire; mais cette pensée, si triste qu'elle soit, ne me laisse pas de repos depuis que j'eus l'imprudence, moi aussi, de comparer pour la première fois les innombrables théories sociales qui se succèdent tous les jours, en haîne les unes des autres, et qui sont un des symptômes les moins équivoques du mal qui nous dévore. On a posé les principes; comment ne pas voir les conséquences?

Elles sont désirées ardemment, n'en doutez pas, ces conséquences, que d'autres voudront envain se dissimuler, par une classe d'hommes abjects qui, à leur tour, n'en apperçoivent point les derniers résultats, et qui peuvent trouver une sorte d'excuse dans leur ignoble éducation. De la part de tels hommes, cela ne surprend point, parce qu'ils n'ont rien à perdre dans ces grandes commotions des empires, où ils satisferont largement leur soif de sang et d'or. Mais ce qui remplit l'âme d'épouvante, c'est d'avoir vu les événements de juillet invoqués à grands cris, et salués comme une ère de bonheur par ces autres hommes qui, au cas que leurs vœux imprudents se réalisent, je veux dire au cas que quelques uns des principes qui ont présidé à cette nouvelle explosion obtiennent leur dernier développement, deviendront eux-mêmes, à cause des richesses et des hommes dont ils se sont adjugés le monopole, les premières victimes de cette révolution qu'ils auront enfantée.

Et ne pensez pas, vous qui vous indignez de ce langage, que ces sombres prévisions qui m'agitent ne soient qu'une vaine imagination de mon esprit en délire. Les souhaits affreux des uns, aussi bien que les craintes des autres, tout révèle ce malaise de la société, qui l'inquiète violemment elle-même sur son avenir. Car si une partie des hommes de notre époque espère dans un nouvel ordre de choses, fondé seulement sur l'intérêt matériel, et où l'on se passera de Dieu, parce qu'elle a imaginé d'y conquérir le bonheur pour lequel elle se sent un penchant irrésistible; une autre partie, plus sage et plus éclairée, disons-le avec confiance, le redoute, et pâlit à la pensée de son approche, parce qu'elle est loin d'y entrevoir ce prétendu perfectionnement de l'espèce humaine, qui, depuis un siècle, est le talisman de l'hypocrite philosophie et la chimère des sots.

Rien de semblable aux innovations sur lesquelles on ose fonder les plus flatteuses espérances n'entra jamais dans l'esprit de l'homme. Le mal agrandit à tout moment son monstrueux empire. Une lutte dont il ne serait pas possible de prévoir l'issue est engagée. On fait la guerre à Dieu et à son Christ; on fait la guerre aux puissances établies de Dieu; on fait la guerre à tout ce qui est vrai, à tout ce qui est bien; combat à mort qui entraînera la chute du monde, si le Créateur n'a pitié de l'œuvre de ses mains. Que l'Univers regarde donc; il va être témoin du plus étonnant spectacle qui ait jamais occupé l'œil de l'homme. Deux grands ennemis sont aux prises; mais il n'y a que Dieu qui sache à qui des deux, au christianisme ou à l'abjecte philosophie moderne, restera cette fois la victoire.

On n'entend plus que le bruit des trônes qui croulent; les royaumes vont se reconstruire à neuf. Les peuples qui ne veulent plus de maîtres se séparent des rois, parce qu'ils ont conçu le dessein de se gouverner eux-mêmes. Mais, cette séparation, personne n'ignore qu'elle ne s'opérera point sans une extrême violence. De là ce grand trouble qui agite le monde; de là cette vague inquiétude qui tourmente la vie des hommes à l'heure qu'il est. Chacun se demande tous les soirs ce qu'il en sera demain des destinées du globe. On rêve la liberté, on rêve le bonheur; droits sacrés, sublimes destins, pour lesquels nous reçûmes l'existence! Mais nous arriverons plus infailliblement que par le passé, à l'aide des théories nouvelles. C'est toutefois un spectacle digne de fixer l'attention, que celui dont les philanthropes du jour ont résolu de faire les premiers frais, quelque prix qu'il en coûte; et, nonobstant le dépit qu'en ont ceux à qui je réponds en ce moment, il faut bien qu'ils se résolvent à être témoins des commotions nouvelles dont nous retrouvons le sinistre présage dans tout ce qui se dit, comme dans tout ce qui se fait.

Si vous compilez toutes les histoires, elles vous prouveront unanimement qu'il ne peut y avoir de constitution durable chez un peuple qui n'a plus de morale, et qu'un tel peuple n'est plus apte à former une société. On a dit avec raison que le gouvernement était la seconde moralité des hommes; mais il présuppose la première. Il est, à la vérité, le complément de la conscience des peuples ; mais il ne peut la suppléer en entier. La science du gouvernement n'est autre chose que celle de guider les hommes dans l'application des principes sur lesquels repose la société de ces mêmes hommes. Toute autorité qui serait en contradiction avec ces principes, loin de maintenir la société, travaillerait à la détruire.

Et maintenant, que l'on compare avec ces principes l'état actuel des mœurs en France, et chez la plupart des nations d'Europe, il sera facile de tirer la conséquence. Bossuet observe que bien croire est le fondement de bien faire : cherchez donc parmi les sociétés modernes ces croyances communes qui unissent les hommes entre eux, et dites vous-mêmes ce que nous devons attendre pour l'avenir.

Cependant, le mal est-il sans remède, et la blessure si profonde qu'il soit inutile de tenter de la guérir? Devons-nous, pour me servir d'une image si heureusement employée déjà par un journal célèbre (1), devons-nous, dans une terreur muette, abandonner le combat, comme des guerriers qui s'asseyent les bras croisés sur des

(1) *Le Mémorial catholique*, fév. 1824.

tombeaux ? Cette conclusion serait extrême, outre qu'elle me paraît décourageante.

On a dit que la sagesse était fille de la modération ; mais il semble que cette dernière vertu ne soit point faite pour la nation française à qui son caractère versatile et changeant ne permet pas de garder aucune mesure. Ainsi, à côté de ces hommes si enclins à espérer contre toute espérance, et à se promettre les résultats les plus satisfaisants, même des théories les plus absurdes, il en est d'autres qui s'imaginent que tout est perdu au moindre choc qu'éprouvent leurs idées et leurs habitudes (1). Voyez-les, lors des révolutions politiques qui surviennent dans la société où ils vivent, ils ne pensent plus qu'à la mort et au jugement. Aujourd'hui même, ces hommes n'espèrent rien, et ils croient qu'il n'y a plus qu'à se voiler la tête et attendre en patience ce que Dieu décidera du genre humain.

(1) Un vieillard se plaignant à Agis, roi de Lacédémone, de quelques infractions à la loi, s'écriait que tout était perdu : « Cela est si vrai, répondit Agis en souriant, que, dans mon enfance, je l'entendais dire à mon père, qui, dans son enfance, l'avait entendu dire au sien. » N'est-ce pas là précisément l'histoire de ces hommes si timides et si prompts à perdre courage ?

Je crois à la fin du monde, comme je crois à son commencement; et ce dogme, qui est de foi, ne répugne point à ma raison. Mais j'ignore quand arrivera cette grande et dernière catastrophe, parce qu'il n'a point plu à Dieu de me le révéler. Du reste, je ne pense pas qu'il faille tirer, des événements qui se pressent sous nos yeux cette conséquence désespérante que toutes choses vont bientôt finir, et qu'il est inutile de nous fatiguer à reconstruire la société qui périt.

Dans les premiers siècles de l'Église, les chrétiens, préoccupés des mêmes idées de mort, tenaient le même langage que les chrétiens d'aujourd'hui. A l'époque de la chute de l'empire romain et de l'invasion des Barbares septentrionaux dans les contrées méridionales, tous les esprits étaient agités de ces sinistres pensées. C'était surtout au Xe siècle que les hommes ne doutaient plus de la destruction prochaine du monde, tellement que chacun délaissait le soin de ses affaires de famille pour ne plus s'occuper que de ses destinées éternelles. Enfin, qui doutait, lors des ravages affreux que les prétendus réformateurs causèrent dans l'église de Jésus-Christ, que le règne de la bête ne fut commencé, et que bientôt c'en serait fait des destinées du globe? Cependant il y a trois cents ans que Luther et Calvin sont rentrés dans l'abîme, et le monde est encore debout, sans que la marche de la nature ait été suspendue un seul instant.

Sans vouloir donc préjuger de l'avenir qui se prépare, nous devons aider, s'il est possible, à l'achèvement des desseins de Dieu. Assez d'autres révolutions, d'ailleurs, ont agité la terre, et son histoire est-elle autre chose qu'un long enchaînement de vicissitudes? Une génération passe; une autre s'élève, qui passe à son tour, pour être bientôt remplacée. Un empire se constitue sur les débris de l'empire qui l'a précédé, et bientôt après il ne subsiste plus lui-même que dans la mémoire des hommes. Enfin, la souveraine puissance est transmise d'une nation à une autre, d'une famille à une autre, d'un roi à un autre; tel est le spectacle que nous offre constamment la figure mobile du monde.

Et tous ces grands revers que notre erreur commune
Croit nommer justement les jeux de la fortune,
Sont les jeux de celui qui, maître de nos cœurs,
A ses dessins secrets fait servir nos fureurs (1).

(1) Louis Racine, *Poëme de la Religion.*

Ne désespérons donc pas encore de la conservation du monde, tout en reconnaissant que quelque chose d'inconnu à nos aïeux remue aujourd'hui les fondements de la terre. Ce serait faire preuve d'une grande faiblesse dans la foi que de croire que Dieu pût abandonner le genre humain en proie à ses propres écarts. Comme il en est le créateur, il en est aussi le père. Ne doutons pas qu'il ne soit tout-puissant à tirer le bien même du plus grand mal, et que ces grandes commotions politiques et religieuses qui viennent, à certaines époques, ébranler le monde sur sa base, ne servent, selon les vues admirables de sa providence, à rajeunir ce monde périssant de lassitude et de dégoût. Dans la saison des chaleurs, après quelques jours d'une sécheresse dévorante, tout languit dans la nature, tout va périr. Eh bien! c'est alors que le ciel s'ébranle, les nuages s'amoncèlent dans l'air; la foudre gronde, éclate, et aussitôt succède une pluie douce et bienfaisante, qui, en retrempant la terre, lui donne une nouvelle vie. Ainsi en est-il le plus souvent, pour le monde politique, de ces révolutions qui effraient d'abord, étonnent, mais ensuite ravivent les sociétés vieillies, en ramenant le calme et le bonheur au milieu d'elles. Tout cela est dans l'ordre, et rien ne contribue tant que ces résultats inattendus à confondre la prudence humaine.

Hommes de peu de foi ! serait-ce que vous appréhendez la destruction de l'Église? Mais les promesses que lui a faites son fondateur, et qui sont le gage assuré de son éternelle durée ne lui manqueront point. Tous les efforts réunis de l'enfer et du monde ne prévaudront jamais contre elle. Semblable à une ville de guerre qu'environnent les retranchements, elle se verra pressée de toutes parts; mais, au temps marqué où devra finir son épreuve, elle se relèvera triomphante de ses ennemis renversés à ses pieds. Vous la verrez persécutée ; ses ministres seront l'objet de la raillerie publique. Comme leur divin maître, les fidèles n'auront pas une pierre où reposer leur tête. Méconnue et reniée par un peuple, la religion chrétienne s'en ira éclairer les peuples d'un autre hémisphère. Un jour, sa mission sublime étant achevée, cette fille du ciel s'élevera au séjour du repos qui lui est préparé ; mais alors cet univers visible aura disparu. Tout cela est prédit; ne faut-il pas que les prophéties s'accomplissent ?

Ne craignons donc point pour ce qui est exclusivement l'œuvre de Dieu; mais plutôt tremblons pour nous-mêmes, habitants malheureux d'une terre qui a corrompu toutes ses voies. (1) Car, quand viendra le débordement des grandes eaux, pour parler ici le langage de l'Écriture, qui pourra s'assurer du salut ? Et pourtant, loin qu'il faille nous laisser abattre par une crainte servile, indigne des enfants de Dieu, il est nécessaire que nous travaillions avec confiance à prévenir les grandes calamités qui nous menacent, en opérant sans secousses, s'il est possible, l'importante révolution que commande l'état actuel de nos mœurs et de la civilisation avancée. Essayons de mettre un terme à ces déchirements politiques qui ruinent la paix des royaumes et des familles. Assez et trop long-temps nous avons été les tristes jouets de nos déplorables divisions, et il n'est personne qui ne doive désirer la cessation de tant de maux qu'elles nous ont causés. Que si elles devaient se prolonger encore, qui pourrait donc répondre que le monde ne fût pas emporté bientôt comme la poussière que le vent emporte dans une violente tempête (2) ?

(1) Omnes in viam suam declinaverunt. Is. 56, v. 11.

(2) Tanquàm pulvis, quam projicit ventus à facie terræ. Ps. 1, v. 4.

CHAPITRE VI.

Moyens d'en finir avec la révolution.

L'expérience du passé peut encore, nous le savons, servir d'enseignement au présent. Aussi n'était-il pas inutile, par le temps où nous vivons, de signaler les nombreuses bévues qui ont été commises, peut-être même sans que l'on s'en doutât. Mais enfin, de plus longues doléances que celles que nous a arrachées l'amour de l'ordre ne serviraient qu'à rendre notre position plus insupportable, si nous ne cherchions d'ailleurs à en tirer tout le profit possible. Ne parlons donc plus de ce qu'on a fait ou de ce qu'on n'a point fait en 1830, et occupons-nous plutôt de ce qu'on doit faire pour l'avenir. Tacite a dit qu'il fallait des siècles pour corriger les erreurs d'une année. Et si l'ordre doit renaître, nous ne nous flattons guère que ce sera de nos jours. Mais qu'importe, que nous ne recueillions pas les fruits de nos propres travaux? il nous aura suffi d'avoir semé pour les générations qui doivent suivre. Êtres d'un jour, il faudra bien nous résoudre à mourir sans avoir vu l'accomplissement de toute chose. Cinquante ans, cent ans même, comptent à peine dans l'histoire du monde; et cependant combien d'hommes auront passé sur la terre avant que cette nouvelle période de temps se soit écoulée!

Voulez-vous donc en finir avec la révolution? Il n'est pas, que je sache, d'autre moyen à employer que celui auquel on eut dû recourir dans les journées de juillet pour l'élection d'un souverain (1). Et ne pensez-vous pas qu'il soit, au-

(1) Quoi! vont s'écrier ces hommes pusillanimes et à courtes vues, qui se sont si sottement appelés du nom de *modérés*, faudra-t-il encore des brisements de trônes, une

jourd'hui, trop tard. Croyez, au contraire, qu'à toute force il vous faudra en user, sous peine de périr victimes de l'anarchie qui menace incessamment de frapper ses derniers coups.

J'ai reconnu ailleurs le droit qui appartient naturellement à une nation de se créer tel mode de gouvernement qui lui semble le plus convenable. Fidèle à cette doctrine, que je regarde comme la seule vraie, je dis qu'il faut en appeler à l'opinion publique, comme au seul tribunal

nouvelle effusion de sang français, pour complaire à vos idées favorites? Nos propriétés et nos vies elles-mêmes ont-elles donc si peu de valeur à vos yeux, qu'il faille les compromettre de rechef pour n'en point faire mentir ce système qu'il vous a été agréable d'imaginer, à part vous, dans le silence du cabinet? Assez d'autres épreuves terribles n'ont-elles pas usé notre frêle existence, et ne nous sera-t-il pas donné de jouir paisiblement du peu qui nous en reste?... A ces hommes, je répondrai : Vous n'entendez rien aux choses d'ici-bas ; et parce que Dieu a voulu que l'homme ne moissonnât que ce qu'il aurait semé, je ne sais pas coupable peut-être. Je conçois que vous ayez grand besoin de repos ; vous l'avez acheté par tant de fatigues ! Mais n'est-il pas vrai que vous avez semé du vent? Et que pouvez-vous moissonner autre chose que des tempêtes? On vous l'a dit déjà ; et moi, je vous le répète ; écoutez ce trait d'histoire que j'ai lu dans Valère-Maxime, liv. VI, chap. 2 :

« Une vieille femme de Syracuse offrait tous les jours des sacrifices aux Dieux pour la conservation du tyran Denys.

compétent à prononcer en dernier ressort sur l'importante question qui nous occupe. Que l'on ne s'effraie point de cette démarche extrême; aux grands maux, les grands remèdes. Notre position est telle aujourd'hui, que nous pouvons nous regarder en quelque sorte à l'enfance de la société, par là-même que celle à laquelle nous avons appartenu jusqu'ici se meurt. Je le répète; dans ce cas, l'élection est de droit naturel et nécessaire. Ajoutons qu'elle seule peut constituer un pouvoir quelconque.

Celui-ci lui demanda pourquoi elle faisait publiquement des vœux en sa faveur, dans le même temps où tous les citoyens le chargeaient de malédictions. Quand j'étais jeune, lui répondit-elle, je souhaitais avec le public la fin d'une tyrannie que nous trouvions fort dure à supporter. Une autre bien plus rude succéda à la première ; tu es venu ensuite nous accabler de maux plus affreux que tous les précédents. Je prie donc les Dieux qu'ils te conservent, à cause de la funeste expérience que j'ai que tous les changements ne font qu'accroître nos calamités. »

Je suis jeune encore, et néanmoins peu s'en faut que je ne souscrive au sentiment de cette vieille femme. Il ne sera jamais dit qu'un seul cheveu soit tombé par ma faute de dessus la tête des puissances qui gouvernent. Cependant vos vœux et les miens ne changeront pas la nature des choses. J'ai dit ce qui est ; j'ai prévu ce qui sera; j'insinue ce qui doit être fait ; Dieu et le temps prennent soin du reste ! Mais il en ira toujours de même dans le monde ; les principes amèneront leurs conséquences.

En général, il n'y a que trois modes de gouvernement avoués par la nature (1); le monarchique, ou le pouvoir d'un seul tempéré par les lois; l'aristocratique, ou la puissance des grands, et le démocratique, dans lequel tous les citoyens ayant des droits égaux sont réputés également admissibles au maniement des affaires de la république.

Le premier, qui n'est peut-être pas le meilleur possible, à parler absolument, mais qui du moins est le plus simple de tous, convient spécialement aux grandes nations, lesquelles ne sauraient se

(1) Il y a, dit Plutarque, trois sortes de polices, c'est-à-dire de gouvernements de villes, à scavoir monarchie, qui est principauté; oligarchie, qui est seigneurie, et démocratie, qui est estat populaire...... Et semble que ce sont les plus générales qui soyent; car toutes autres sortes sont comme dépravations ou corruptions de celles-ci, par peu ou par trop. — *Des trois sortes de gouvernem.* Trad. d'Amyot. — C'est aussi l'opinion de Bodin, dans son livre *De la République*, qui a fourni à Montesquieu l'idée première de son *Esprit des lois*. — Tacite, au livre III de ses *Annales*, s'exprime ainsi : Nam cunctas nationes et urbes populus, aut primores, aut singuli regunt. — Écoutez encore Juste-Lipse : Quidquid scrutère, nec cœtum aliquam socialem sinè ullâ haram formarum reperies, nec in eo aliam præter istas. Miscentur inter se, fateor, et remittuntur aut intenduntur, sed sic ut propendeat et præponderet semper aliqua pars, à quâ jure ei nomen. *Polit.* lib. II, cap. 2.

gouverner elles-mêmes, de quelque manière que cela s'entende(1). D'ailleurs les grandes nations, à cause de leur population, de leurs richesses et de l'esprit militaire qui les animent presque toujours, exigent au milieu d'elles un gouvernement central, lequel, par son action aussi prompte que la pensée, et non moins forte que la v lonté, fasse mouvoir sans obstacle les membres nombreux de ce vaste corps, à quelque distance qu'ils vivent les uns des autres, et quels que soient aussi les intérêts respectifs de chacun d'eux. Une longue observation prouve irrécusablement que c'est la nature elle-même qui soumet ces nations à l'ordre monarchique; et telle est sans contredit la France, à bien plus de titres qu'aucune autre.

L'unité de pouvoir est la situation la plus na-

(1) J.-J. Rousseau est forcé de convenir que les grands états ne sont pas susceptibles d'une administration démocratique. — Le peuple, dit Montesquieu, a toujours trop d'action ou trop peu; et voilà pourquoi il n'est point propre à gérer les affaires, lesquelles doivent aller un certain mouvement, qui ne soit ni trop lent, ni trop vîte. — Plutarque rapporte, dans la *Vie de Lycurgue*, qu'un Lacédémonien ayant proposé à ce législateur d'établir le gouvernement démocratique à Sparte, il lui répondit qu'il devait commencer d'abord par l'établir en sa maison avant d'en proposer l'établis ement pour la république.

turelle et la plus favorable à toute société. Elle seule peut constituer un gouvernement stable chez un grand peuple. Ce furent les dissensions intestines qui détruisirent la Grèce, cette belle portion du globe, appelée par sa position à jouer un rôle plus noble et plus durable. Tant qu'elle fut unie, les ennemis du dehors ne purent porter atteinte à son intégrité, et sa ruine fut la conséquence nécessaire de ses divisions.

Le gouvernement monarchique est le seul qui puisse convenir à un grand état; car, dans un grand état, il y a toujours de grandes factions, si elles ne sont prévenues et étouffées par un souverain unique. Les proscriptions sanglantes et les odieuses confiscations sur lesquelles l'humanité gémira toujours, et qui eurent lieu au temps de la république de Rome, ne furent suspendues que par le règne paisible d'Auguste. Que si elles reparurent sous Tibère et ses successeurs, c'est que le même Auguste commit la faute immense de ne point rendre la souveraineté héréditaire. Cette faute occasiona dans la suite des révolutions sans cesse renaissantes, les empereurs étant au choix des soldats, et ceux-ci élisant presque toujours celui qui favorisait le plus leurs passions. La monarchie n'avait alors ni base, ni forme légale; on ne voyait dans le souverain que le jouet d'une soldatesque effrénée, indisciplinée, qu'un aventurier voué par son élévation même à une chute inévitable.

Il est remarquable, d'ailleurs, que les peuples les plus anciens ont tous été gouvernés monarchiquement (1). Homère, le plus grand peintre des mœurs antiques, vante sans cesse les avantages de la royauté; il semble même n'avoir pas eu l'idée d'un autre gouvernement. Les anciennes républiques, Athènes, Rome, et autres, furent d'abord des monarchies. Les Grecs, ainsi que l'observe Platon, s'étaient tous soumis au gouvernement monarchique, le plus ancien, le plus universellement répandu, le plus propre à entretenir la paix, et dont l'autorité paternelle avait donné l'idée et le modèle.

Remarquez encore que les républiques sont obligées, dans des conjonctures difficiles, de confier toute l'autorité à un seul. A Rome, l'autorité, que l'on avait ôtée aux rois, était restée entre les mains des consuls; et, dans les dangers pressants de la république, on avait recours à la

(1) Principio rerum, gentium nationumque imperium penes reges erat..... JUSTIN. lib. 1, cap. 1.

dictature (1). Ainsi, quant à l'autorité, la position du peuple resta toujours la même, mais non quant aux effets que cette autorité devait produire. La tranquillité de l'état fut bannie avec les rois (2).

Ce n'est pas que je prétende condamner les formes aristocratique et démocratique, à Dieu ne plaise! mais, en fait de gouvernement, beaucoup de choses sont relatives. Ainsi l'aristocratie peut convenir, sans doute, aux pays moins étendus, comme étaient la république de Gênes et celle de Venise, qui a subsisté près de quinze cents ans. Ainsi, aujourd'hui encore, les cantons suisses se gouvernent en paix, bien que leur régime soit démocratique. C'est qu'ils ne composent que des sociétés fort limitées, dont les membres par là-même peu nombreux mènent d'ailleurs une vie pastorale, ou vouée aux arts et aux métiers, seule ressource que leur accorde le territoire pauvre et montueux qui les sépare des autres peuples.

(1) Trepidi patres a summum auxilium decurrunt, dictatorem dici placet. Tit. Liv. lib. vi. — Denys-d'Halycarn. lib. v.

(2) Plebs romana soluta regio metu, agitari cæptu tribunitiis procellis. Tit. Liv. lib. ii.

Tels sont également les petits états de l'Amérique du Nord, dont on ne cesse de nous vanter le bonheur, en même temps que l'on propose pour modèle à toutes les sociétés de l'Europe la constitution qui les régit depuis quarante ans. Je veux bien croire à la véracité des voyageurs qui nous font, de la félicité dont jouissent ces nouvelles républiques fédératives, des peintures si magnifiques. Mais si les hommes dont se composent ces petites sociétés sont heureux, il n'en faut pas tout-à-fait attribuer l'honneur à leur forme de gouvernement. Cela s'explique plutôt par la vie presque patriarchale que la plupart d'entre eux ont menée jusqu'ici, se rapprochant de la nature, dont ils conservent plus ou moins l'austère simplicité. Qui sait, d'ailleurs, jusques à quand ces sociétés jouiront du repos et de l'union qui ont fait jusqu'à présent leur force? Elles sont encore si nouvelles!

On nous cite l'Amérique, disait, il y a trente ans, M. le comte de Maistre; je ne connais rien de si impatientant que les louanges décernées à cet enfant en maillot. Laissez-le donc grandir(1).

(1) *Considérations sur la France*, par le comte DE MAISTRE. — 1 vol. in-8°.

Déjà on annonce que la population des États-Unis augmente, et que le luxe de l'ancien monde y tend à corrompre la simplicité des mœurs. Qu'ils y prennent garde ! Aussi long-temps que Rome aima la pauvreté et alla chercher ses dictateurs à la charrue, elle se maintint république florissante et redoutable aux autres peuples. Mais, dès quelle eut introduit dans son sein le luxe de l'Asie et la passion des conquêtes, son existence ne fut plus qu'une longue suite de guerres intestines et de malheurs de toutes sortes, à travers lesquels elle se traîna bassement jusqu'au pouvoir tyrannique des féroces prétoriens qui promettaient assez d'or pour l'acheter. Exemple qui, par une analogie frappante, peut s'appliquer aujourd'hui à la France, à cause de sa situation morale, et qui vient à l'appui de cette opinion, qu'une république proprement dite, y est, plus que jamais peut-être, impraticable. Essayez encore de donner une forme républicaine au gouvernement de ce vaste empire, et je prophétise que vous ne tarderez pas de voir surgir un nouveau soldat qui fera courber vos têtes sous son septre de fer. Je ne comprends point que l'on ait sitôt oublié l'histoire des dix années qui suivirent l'époque du Directoire.

L'organisation politique sous laquelle on voit subsister la puissance dans les petits états plus ou moins circonscrits de la Suisse et de l'Amérique septentrionale n'a jamais pu s'établir parmi nous, quelques efforts qu'aient faits pour cela les fauteurs des idées républicaines (1). On peut donc parier mille contre un que jamais ce système ne s'y réalisera, la France continuant d'être aussi étendue, et les choses allant toujours de même, je veux dire les mœurs y étant altérées au point que l'égoïsme seul commande; étrange mobile des actions humaines, qui ne peut que désunir les citoyens d'une même république, au lieu de les rallier à l'intérêt général (2)!

(1) Appliquons à la France cette observation de Machiavel : Un populo uso à vivere sotto un principe, se per qualche accidente diventa libero, con difficultà mantiene la libertâ.—*Disc. sur Tit. Liv.*, liv. v.—C'était aussi la pensée de Montaigne : Les peuples nourris à la liberté et à se commander à eux-mêmes, dit-il, estiment toute autre forme de police monstrueuse et contre nature ; ceux qui sont duits à la monarchie en font de mesme. Et quelque facilité que leur preste la fortune au changement, lors mesme qu'ils se sont avec grandes difficultez défaictes de l'importunité d'un maistre, ils courent à en replanter un nouveau avec pareilles difficultez, pour ne se pouvoir résoudre de prendre en haisne la maistrise. — *Essais*, liv. 1, ch. 22.

(2) Selon Montesquieu, la vertu est le principe du gou-

D'ailleurs, il n'y eut jamais de démocratie absolue ; car toute démocratie, comme le remarque M. Cousin (1), pour durer, veut un maître qui la gouverne. Dans toute société il faut absolument un pouvoir qui commande et des sujets qui obéissent. Ce pouvoir, qui, de sa nature est un, est commis à un seul ou à plusieurs ; voilà tout. Mais un peuple qui, dans l'acception entière du terme, se commande à lui-même, sera toujours une rêverie, dont on ne trouve la réalité nulle part. Dans toutes les anciennes républiques, la plus grande partie des hommes était réduite à l'état de servitude. Il y avait à Lacédémone 14,000 citoyens et 400,000 esclaves.

Je crois donc qu'en France, plus qu'en aucun autre lieu du monde, un gouvernement monarchique est indispensablement nécessaire ; et, aujourd'hui, il est encore la seule planche de salut

vernement républicain ; et, de l'aveu même de J.-J. Rousseau, la démocratie ne convient qu'à des anges. C'est qu'en effet, dans ce gouvernement, toutes les vertus, et bien mieux encore tous les vices, sont nécessairement à l'enchère ; et quelle sagesse ne faut-il pas pour résister à la séduction et à l'entraînement de l'exemple !

(1) *Cours de l'histoire de la philosophie*, IXe leçon, 19 juin 1828.

qui nous reste après tant et de si tristes naufrages. Aujourd'hui, comme en 89, il n'est aucun homme de bien qui ne sente le besoin d'un roi, pour le protéger contre le despotisme de la force armée, contre le despotisme populaire, contre le despotisme municipal, enfin contre le despotisme de la licence et de l'anarchie.

Mais l'autorité du souverain doit-elle être absolue?

Cette question a été entourée de tant de préjugés par les publicites modernes, qu'il serait bien difficile d'y répondre à la satisfaction de tout le monde. On a fait complaisamment, à ce sujet, tant de déclamations, qui n'ont eu pour dernier résultat que d'obscurcir les idées, que je n'ose me promettre de faire surgir la lumière du sein des ténèbres profondes qui nous environnent. Et pourtant j'essaierai encore de dire ma pensée à cet égard, sans déguisement et sans flatterie pour les rois, non plus que pour les peuples.

Et d'abord, bien que dans plusieurs endroits de cet écrit, en m'élevant contre le pouvoir arbitraire, je me sois servi du mot absolutisme pour me conformer au langage reçu, il n'est pas moins vrai que je diffère de l'opinion commune, par rapport à l'acception que l'on rattache à ce mot.

Je m'explique.

On désigne vulgairement, sous le nom de monarque absolu un homme dont le caprice fait la loi. Mais, en ce sens, de même qu'il n'y eut jamais de démocratie absolue, on peut affirmer aussi qu'il n'y eut jamais de véritable monarchie absolue. Dans les royaumes d'Asie et d'Afrique, où l'on convient que l'absolutisme est à son plus haut degré possible, il a ses bornes, qu'il ne lui est permis d'outre-passer; et s'il plaisait au sultan Mahmoud d'enjoindre à ses sujets de boire du vin, un cri d'indignation s'élèverait incontinent contre lui, et le cordon que lui enverrait son conseil serait sa dernière ressource contre la fureur des Musulmans. Ceci prouve que le pouvoir, même le plus arbitraire en apparence, ne peut subsister qu'à l'aide de l'opinion publique, et que, à cause de cela, il devient supportable aux hommes sur qui il pèse.

Dans les états orientaux et barbaresques, nul doute que l'opinion publique ne soit aveugle; mais cela n'importe pas au fond de la chose, et il n'en demeure pas moins certain que la loi la plus juste est absolue en elle-même, c'est-à-dire qu'elle exerce un droit coercitif. Plus même elle sera conforme à l'équité, plus le droit qu'elle exerce sera légitime. Par conséquent le souverain, qui promulgue cette loi, ou qui la fait exécuter, est également absolu, en ce sens qu'on lui doit pleine obéissance.

Cela est vrai pour toutes les formes quelconques de gouvernements. Que la souveraineté réside dans les mains d'un seul ou de plusieurs, il n'importe; les ordres suprêmes qui en émanent sont obligatoires pour les citoyens de la même république, sans quoi toute société serait impossible. Et c'est là, sans doute, de l'absolutisme, ou bien il faut reconnaître que l'on n'entend pas la signification de ce mot.

Encore une fois, cette théorie ne conduit point, comme on pourrait le craindre, faute de réfléchir, au dangereux principe accrédité parmi les courtisans des rois, que le souverain est le propriétaire-né de la nation à laquelle il commande, et qu'il a conséquemment le droit d'agir, en matière de gouvernement, selon ses bizarres caprices. Là s'arrête son pouvoir; et lui-même meurt, comme il appert par l'exemple des despotes d'Orient, dès qu'il ose franchir cette barrière imposée par la nature. Mais je dis que son autorité souveraine va jusqu'à pouvoir promulguer les lois qu'il juge nécessaires à son peuple, en leur donnant pour sanction les mœurs, les habitudes, et par là-même le consentement tacite de ce peuple.

Chez une nation ignorante et dégradée comme l'est la nation turque, sans doute l'absolutisme s'appuie sur des bases fausses, et il entraîne de funestes inconvénients en maintenant ce peuple dans une honteuse servitude; mais cette servitude vient de la loi, qui est conforme à l'opinion et aux coutumes publiques et non du souverain, lequel ne saurait attaquer de front les mœurs de son pays et de son temps sans se voir bientôt déchu de la puissance par la révolte de ses sujets. Si vous quittez ces régions de mort, et que vous appliquiez la doctrine de la monarchie absolue telle que je la comprends à un peuple qui se conduise, non plus par l'opinion, mais par l'évidence, non par les préjugés, mais par les principes de la justice et de la raison; alors vous réalisez, ce semble, le plus parfait des gouvernements possibles.

Ceux qui ont confondu l'autorité absolue avec le pouvoir arbitraire, ont fait preuve d'une grande ignorance ou d'une insigne mauvaise foi. Ce qu'il y a de pire en cela aujourd'hui, c'est qu'il serait bien difficile de détromper la multitude à cet égard. Tout homme sage et instruit de ses droits naturels doit réprouver ce dernier pouvoir, qui, dans une société civilisée, ne peut que ramener les ténèbres de la barbarie. Mais il n'aura garde aussi de confondre avec ce pouvoir déshonorant pour l'homme l'autorité absolue, laquelle n'est que la volonté du souverain éclairé des mêmes lumières qui éclairent les autres hommes. Celui-ci ne peut vouloir, pour son plus grand bien, que ce qui procure à ses sujets la plus grande somme de bonheur (1). La volonté d'un tel souverain n'est que l'expression de la loi d'ordre et de justice, et dès lors cette volonté souveraine doit avoir force de loi ; dès lors aussi elle est absolue comme la loi elle-même ; et, en ce sens, le prince dans une monarchie, le sénat dans une aristocratie, et l'assemblée nationale dans une république démocratique, sont nécessairement absolus. Tels étaient les rois chrétiens à l'époque où, soumis d'esprit et de cœur à la puissance spirituelle de l'Église, ils ne pouvaient vouloir que le plus grand bien de leurs sujets. Telle était la monarchie en France, même sous Louis XIV et ses deux successeurs immédiats, qu'influençait encore puissamment la religion

(1) Τὸ τῷ σμηνεῖ μὴ συμφερον, ουδε τῃ μελιττῃ σύμφερει — *Réflex. de Marc Antonin*, liv. VI, art. 24.

chrétienne, bien que la doctrine du pouvoir de l'Église s'altérât chaque jour davantage parmi les perfides conseillers de ces rois, et finalement parmi le peuple lui-même.

Mais l'Église n'étant plus admise à être juge entre les peuples et les rois, il suit de là que ceux-ci se retrouvent en présence des peuples, qui leur ont confié la première charge publique, et dont ils sont les agents responsables. Il suit de là encore que ce mot de Madame de Staël est éminemment vrai : Le trône ne peut être appuyé, de nos jours, que sur le pouvoir des lois. Aussi, lorsque je prétends que le souverain, tel qu'il soit, possède un pouvoir absolu, en ce sens qu'on lui doit soumission, sans quoi dès lors son pouvoir cesse d'exister; je m'empresse, d'autre part, de reconnaître que la monarchie à établir parmi nous doit être appuyée sur les lois fondamentales de l'état, véritable sauve-garde pour la nation, qui rentre dans son droit dès là que le prince, entraîné par l'ignorance ou les passions, vient à abuser du pouvoir qu'il n'a reçu que pour le bien de son peuple.

Ce mode de gouvernement monarchique, qu'il faut bien recommander de nouveau comme le plus favorable au repos et à la prospérité du pays ; ce gouvernement, que l'on retrouve dans l'ordre naturel des sociétés, et qui est né du pouvoir paternel présidant à la famille dès l'origine du monde, est-il exempt de toute embarras et n'entraîne-t-il pas après soi des inconvénients? Je n'ose le croire, tant l'imperfection se mêle à tout ce qui est humain (1)! Du moins est-il, sans contredit, le plus raisonnablede tuos ceux qu'on a rêvés jusqu'à cette heure, depuis que nous avons essayé tour à tour, parmi nous, de la république, de l'empire et de la monarchie constitutionnelle. Je dirai, d'ailleurs, aux critiques ces paroles si souvent rappelées de Solon au philosophe Anacharsis : Il ne s'agit pas de donner à ma patrie des institutions parfaites, mais les meilleures qu'elle puisse supporter.

Une monarchie représentative, en manière de celle du vieux royaume de France (2), c'est-à-

(1) Toutes les institutions humaines ont leurs inconvénients ; mais la monarchie a pour nous tant d'avantages, que nous ne devons pas même écouter les démagogues qui, tout en déclamant contre la royauté, nous étalent le luxe de leurs princes démocratiques. — L'abbé MAURY.

(2) Grotius l'appelait le plus beau royaume, après celui du ciel ; et il entendait parler surtout de sa constitution politique. — *Droit de la paix et de la guerre.*

dire une monarchie fondée sur les états-généraux et tempérée par les lois, telle enfin que l'avait restaurée le vertueux Louis XVI, est donc à mes yeux, la seule condition de paix, d'ordre public de bonheur et de liberté, pour une grande nation comme la nôtre. Un monarque prenant conseil des sages de l'empire qui composeront le sénat ou parlement, et soumis lui-même aux lois fondamentales du royaume comme aux lois secondaires qu'il aura promulguées (1); tel est le mode de gouvernement que je souhaite plus que jamais à ma patrie, attendu que je l'estime le seul moyen d'en finir avec les révolutions, qui ne peuvent que se perpétuer indéfiniment par une représentation permanente, à deux ou trois cent mille électeurs, où nous verrons, chaque année, un parti se pousser au pouvoir, afin d'exploiter à son profit un peuple de trente-deux millions d'individus, et son budjet d'un milliard 600 millions de francs.

Permis à chacun de penser à cet égard comme il lui plaira; mais, selon moi, la nation française

(1) Perche io non credo sia cosa de più cultivo essempio in una republica, che fare una legge, e non la osservare.— MACHIAVEL, *Disc. sur Tite Live*, ch. 46.

n'aura plus de repos jusqu'à ce qu'elle ait élu ce souverain. Car, s'il est vrai qu'il lui faille un monarque pour mettre un terme à ses longs malheurs, il est également vrai que c'est à elle qu'il appartient de le choisir entre dix mille.

Pour cela, une nouvelle loi électorale assise sur des bases aussi larges que possible est de rigueur, et elle ne peut être stipulée que par les trois pouvoirs actuels. La première disposition de cette loi doit être l'abolition du cens. Qu'il suffise, pour être électeur, que l'on témoigne de son domicile fixe, et que l'on est âgé de trente ans. L'éligible en doit avoir quarante au moins. Nous requérons cet âge de quarante ans pour l'éligibilité, parce qu'il suppose la prudence et les lumières qu'exigent le choix si important d'un souverain et la discussion si difficile des lois fondamentales du royaume.

La seconde disposition de cette loi électorale sera l'établissement d'assemblées primaires composées de deux ou trois cents hommes chacune; et comme il existe une morale qui doit présider à toute institution politique, il faudrait en exclure tout individu exerçant le vagabondage ou ayant subi quelque peine infamante, afin de prévenir la corruption qui pourrait s'y introduire.

Dans ces assemblées primaires, on nommerait les électeurs. Ceux-ci se réuniraient ensuite en colléges électoraux; et là ils procéderaient à l'élection des députés, qui seraient de la sorte les légitimes représentants de la nation.

Quand cette loi, dont les dispositions secondaires suivent naturellement des principales, aura été délibérée avec franchise, les deux chambres actuelles regarderont dès lors leur mission finie, et, se déclarant inhabiles à rien faire de plus, elles solliciteront du pouvoir exécutif leur prompte dissolution. Alors, en vertu d'une ordonnance émanée du gouvernement, lequel ne sera plus lui-même que provisoire, on procédera immédiatement à l'élection de nouveaux députés, qui seront, comme il appert, les vrais élus du peuple.

La mission de ces nouveaux représentants ne devant être que transitoire, et non permanente, ils formeront ce qu'on appelait dans l'ancienne monarchie les états-généraux, sauf la distinction du clergé, de la noblesse et des communes; distinction qui n'existe plus aujourd'hui, ni de droit, ni de fait.

Convoqués par le gouvernement provisoire, et investis d'une autorité suprême de la part de leurs commettants, leur premier devoir sera de rédiger une nouvelle charte en harmonie avec les besoins de l'époque, et dans laquelle ils garantiront contre toute atteinte les libertés que réclame impatiemment la nation. Ainsi, et pour commencer par ce qui presse davantage :

— Liberté individuelle ; plus de lettres de cachet, ni de prisons d'état.

— Liberté de conscience ; séparation de l'église et du gouvernement (1).

— Plus d'arbitraire (2) ; plus de priviléges, ni de monopole. Égalité de tous devant la loi ; mêmes droits pour tous aux charges publiques (3).

(1) On a besoin de vous pour ce qui se prépare, disait l'illustre auteur des *Considérations sur la France*, en s'adressant au clergé français. Eh bien ! si ce clergé comprend sa haute mission, loin de répugner à l'entière séparation de l'Église et de l'État, qui est devenue si nécessaire, il y aidera de toute la puissance morale dont il est revêtu ; car l'avenir auquel le conviait M. de Maistre est présent. C'est pourquoi il ne peut plus aller en arrière ; et, malgré lui-même, il sera conduit à cette résolution décisive.

(2) Τον αρα νομον αρχειν αἱρετωτερον μαλλον ἤ τῶν πολιτῶν ενα τινα. — ARISTOT., *De Republ.*, liv. III, ch. 16.

(3) Platon recommande d'entre-mêler les différentes conditions dans les emplois publics, afin d'entretenir l'union et l'harmonie, et d'exciter une émulation générale. — *Des Lois*, liv. VI. — Dùm fastidiretur nullum genus in quo virtus miteret, crevit imperium romanum. — TIT. LIV.

—Affranchissement de la presse, sauf le droit de censure attribué aux tribunaux supérieurs, et qui ne pourra être exercée que dans des cas prévus, attentatoires au repos de l'état et à l'honneur des familles.

—Liberté de l'enseignement, et abrogation du monopole universitaire.

—Liberté des associations, sauf encore le droit de surveillance réservé au gouvernement dans l'intérêt général.

— Émancipation des provinces et des communes : garantie de leur droit à délibérer sur les intérêts locaux.

Toutes choses qui devront être proclamées sans retour.

Je ne parle pas des dispositions d'un intérêt moindre qui fixeront également l'attention des législateurs.

Mais il est surtout un point qu'on ne doit pas perdre de vue; c'est que les articles organiques de la loi électorale, dont j'ai parlé, doivent entrer, comme partie intégrante, dans la composition de cette charte. La France, avons-nous dit, ne peut être gouvernée que monarchiquement; mais il importe plus que jamais que le monarque n'oublie pas qu'il est une puissance supérieure à la sienne, celle de la nation assemblée. C'est pourquoi, à l'avenir, le roi ne pourra faire aucune modification à la charte sans le concours des états-généraux, dont le consentement lui sera nécessaire aussi pour fixer la quotité des impôts, pour la validité de toute aliénation perpétuelle du domaine de l'état, et pour tout démembrement partiel du royaume, comme cela se pratiquait sous les deux premières races des rois, et sous la troisième jusqu'à Charles VII.

Ainsi, le roi ne régnera que par la loi, et, pour me servir d'une vieille expression, il n'aura puissance de faire toute chose à son appétit.

Pour ce qui est des attributions du souverain en dehors des états-généraux, la double puissance législative et exécutive résidera en lui, et nulle part ailleurs. De lui émanera toute juridiction politique et civile. Il rendra la justice, ou la fera rendre par ses délégués (1). Il aura le droit de faire grâce; d'annoblir ceux qui auront bien mérité de la patrie par leurs vertus, leurs

(1) Les annales du monde n'offrent pas un seul exemple d'une monarchie dont le chef n'ait point institué les juges. — L'abbé Maury. — J.-J. Rousseau rend hommage à ce principe monarchique. Les rois, dit-il, sont les juges-nés des peuples; c'est pour cette fonction, quoi qu'ils l'aient

talents, ou leurs exploits militaires; de nommer aux divers emplois de la hiérarchie sociale; de convoquer les assemblées de la nation, quand le requerront les besoins de l'état; de conclure les transactions commerciales et autres. Il fera la paix et la guerre; et le mode de recrutement de l'armée sera à sa disposition.

Tout se fera, de reste, dans le gouvernement, par l'entremise des ministres, qui seront au choix du souverain, et qui ne répondront qu'à lui seul de leur gestion.

La justice sera administrée, au nom du roi, par des magistrats chargés de veiller à ce que les lois qu'aura promulguées le souverain ne soient point contraires au pacte fondamental. Ces magistrats seront inamovibles, et leurs offices ne pourront vaquer que par la mort du titulaire, la démission volontaire, ou la forfaiture jugée.

Ajoutons enfin que la couronne devra être héréditaire, parce que c'est le seul moyen de prévenir les guerres civiles, qui ont constamment dé-

tous abandonnée, qu'ils ont été établis : elle ne peut leur être ôtée; et quand ils ne veulent pas la remplir eux-mêmes, la nomination de leurs substituts, en cette partie, est un de leurs droits, parce que c'est toujours à eux à répondre des jugements qui se rendent en leur nom.

solé les états où elle était élective, comme en Pologne. La succession héréditaire, dit M. le comte de Maistre, que j'ai déjà cité, est quelque chose de si précieux, que toute autre considération doit plier devant celle-là.

Il convient, de plus, que la couronne ne puisse écheoir en partage qu'aux enfants mâles, en ligne directe et par droit de primogéniture. Il y a dans ce mode de successibilité quelque chose qui tient essentiellement à l'honneur des Français, qui ne permirent jamais que chez eux le trône tombât en quenouille.

Que si la dynastie régnante vient à s'éteindre, la nation exerce de nouveau son droit naturel en se donnant un souverain

Cette constitution, véritable palladium de la France, et prototype de toutes les lois que le souverain jugera nécessaire de promulguer dans la suite, selon les besoins des temps et des lieux, étant fixée par un sévère et consciencieux examen, les états-généraux procéderont à l'élection d'un roi.

Je crois m'être suffisamment expliqué sur la nécessité d'une monarchie en France, et je ne me contredirai pas en finissant. Si donc les états, chargés de prononcer en dernier appel sur les destinées de la patrie, se décidaient en faveur de Henri V, la grande querelle qui agite depuis trop long-temps les esprits serait dès lors terminée, et les vertus de Louis-Philippe nous sont garantes qu'il n'hésiterait pas, dans l'intérêt du pays, de déposer la couronne aux pieds de l'élu de la nation. Que si, au contraire, la majorité confirmait le choix qui a été fait en 1830, monarque pour monarque, Louis-Philippe en vaudrait sûrement bien un autre, et ce serait encore une affaire irrévocablement finie. Ne doutons point que, dans l'un ou l'autre cas, il n'y eût des mécontents; mais quand fût-il possible de satisfaire tout le monde? Il y aura des passions tant qu'il y aura des hommes, et le monde s'en ira toujours de même. Ce qui importe seulement, c'est que le plus grand nombre n'ait point à se plaindre. L'ordre étant rétabli par les principes, le calme renaîtra de lui-même. Que si, après cette manifestation solennelle de la volonté de la France, les partis essayaient de s'agiter encore, la raison publique en ferait promptement justice. Et si, de leur côté, par une politique mal entendue, les puissances étrangères osaient nous livrer l'attaque, forts du bon droit, et confiants en nous-mêmes, nous accepterions le défi, et une nouvelle carrière d'honheur serait ouverte à notre ardente jeunesse.

Tout étant ainsi ordonné, le premier devoir du souverain élu par les mandataires du peuple sera, quelle que soit d'ailleurs sa religion, de jurer fidélité inviolable à la charte. Puis, usant de son autorité souveraine, il dissoudra l'assemblée des états-généraux pour délibérer lui-même à l'avenir sur les intérêts du royaume, avec l'aide de son conseil ou parlement, dont les membres seront à sa nomination, et qui auront voix consultative et de remontrance.

Il ne faut pas croire que, dans ce système, le pouvoir du roi soit encore trop étendu. Car, outre que ce pouvoir est de l'essence même du gouvernement monarchique, il demeure toujours restreint par la volonté du peuple, qui se manifeste dans la loi fondamentale, barrière sacrée que le monarque ne saurait franchir sans renoncer dès lors, par le droit, à la couronne, qu'il ne possédera qu'à la condition d'être fidèle à ses engagements envers la nation.

J'ai dit, et la tâche que je m'étais prescrite est achevée. Le système politique que je viens d'exposer sommairement n'est point de mon invention; il est le même qui a régi la France pendant quatorze siècles, moins les abus et les vices qui le déparaient dans l'ancienne monarchie, et à propos desquels, pour être juste, il faut faire la part aux temps et aux circonstances. Ce système que tant de publicistes ont reproduit plus ou moins analogue, depuis que l'on se demande comment nous allégerons le poids de misère qui pèse sur nous d'une manière si accablante ; moi aussi, en terminant ces rapides considérations, je le soumets à mon tour aux méditations de mes lecteurs, attendu que je le regarde comme l'unique moyen de vie pour l'Europe, et en particulier pour la France. Je crois, sinon au perfectionnement, du moins à la perfectibilité des sociétés humaines ; et elle n'est pas éloignée l'époque où les hommes feront trêve un moment avec les préjugés et les passions, afin de s'entendre à reconstruire ces mêmes sociétés qui périssent. Je prévois que bientôt il sera universellement compris que ce système de politique, d'ailleurs si conforme aux lois de l'ordre et de la justice, est encore le seul qui puisse arrêter le monde au bord de l'abîme. Si pourtant il est un autre remède à nos infortunes plus prompt et plus sûr, vous, qui le connaissez, de grâce hâtez-vous d'en faire l'heureuse application, car nous périssons de fatigue et d'inquiétude. Pour moi, de quelque part que nous vienne le salut, je l'embrasserai de bon cœur, et Dieu m'est témoin que le sort même le plus violent me serait doux pour sauver mon pays.

TABLE DES CHAPITRES.

Imprimerie de Chausseblanche, à Saint-Cloud.

www.ingramcontent.com/pod-product-compliance
Ingram Content Group UK Ltd.
Pitfield, Milton Keynes, MK11 3LW, UK
UKHW012218240726
13966UKWH00003B/825

9 782012 459946